WORK TWO JOBS

ANTIQUE DEALER

SECOND HAND STORE

泉澤義明 ブランドリサイクルアドバイザー
Yoshiaki Izumisawa

ダブルワークからはじめる

# 「ネット古物商・リサイクルショップ」の成功マニュアル

ぱる出版

# まえがき

## だれでもできる！　リサイクル品販売を副業からはじめてまずは月5万円の獲得をめざせ！

本書をお手にとっていただきましてありがとうございます。
この本ではネットを使って毎月安定的に収入を得られる方法をお伝えいたします。
その方法とは、リサイクル品を販売する方法です。
数あるネット副業のなかでも再現性の高い、リサイクル品の販売です。

**その成功の鉄則は、安く仕入れて高く売る**

とてもシンプルなことですが、ここには商売の基本が詰まっています。
私は、リサイクル品販売をはじめたことがきっかけで、独立起業した方を何人も見てきました。

会社員として働きながら副業も続けて、毎月、20万円～50万円といった大きな利益を稼ぐ人もいます。

一方で、５万円～10万円を、毎月、安定して稼いでいる主婦の方もいます。

あなたも本書を読み終わる頃には、古物商の魅力を知り、副業で続けて行くか？　それとも起業を目指して行くか？　さっそく迷うことになるかもしれません。

リサイクル品販売の良いところは**初期費用がほとんどかからない**ことです。

何か新しいビジネスをはじめる際には、通常まとまったお金がかかりますが、リサイクル品販売の良いところは、**まずは家の不要品から販売すればいい**のです。

不要品を販売してそのお金で仕入れの資金にする。仕入れた商品が売れたら、その資金で仕入れをする。徐々に仕入金額を増やして、単価の高いものを仕入れる。２個、３個と少数で買っていたものを、10個、20個でと多めに仕入れてみる。この場合、販売したお金を仕入れに回すので、小さなリスクで済みます。

1000円で仕入れた商品が1万円で販売できた、ということが多くあるのがリサイクル品販売です。

そのリサイクル品の販売を継続しておこなう際に必要になってくるのが、**古物商の許可を取得すること**です。

古物商の許可を取得することはとても簡単なことです。詳しくは第2章でお伝えいたしますが、申請すると約2か月後には古物商として販売することができるのです。

現在はリサイクル・リユース業界が注目されています。それにともない古物商許可を取得する方が増加しています。

許可を取得するのは簡単ですが、古物商は取得してからが重要です。

- **どうやって安く商品を仕入れることができるのか？**
- **どこから仕入れたらいいのか？**
- **そもそも今まで物を販売したことがない自分に売ることなどできるのか？**

という疑問や不安が生まれてくるとおもいます。そうおもうのが当然です。実際、私もネット販売をはじめたときは、自分が履いた靴など買う人がいるのか、と疑問におもっていました。

さらにひどいことに、私はインターネットもやったことがないアナログ人間だったので、パソコンの操作もわからない状態でした。

そんな状態からスタートした私でも、現在は副業で中古販売をはじめたおかげで、起業して17年目を迎えるに至っています。

現在はスマホを使うことができれば、だれでも簡単にできます。顔出し不要、匿名で家に居ながら空いた時間にできます。しかも安心してできるのです。

これから古物商の世界へとご案内しますので、本書のページをめくり、まったくの未知の世界の扉を開けて、進んでいってください。本文での解説と同時に、私が発信している古物商の開業に役立ついくつかのユーチューブの動画も、ＱＲコードから見られるようにしましたので、参考にしていただければ幸いです。

２０２４年１月　　著者

# ダブルワークからはじめる「ネット古物商&リサイクルショップ」の成功マニュアル

# もくじ

## 第1章 だれでもできる古物商・リサイクルビジネスの魅力ってなに？

## 第2章 継続して仕入れをおこなう際に必要となる古物商の許可の取り方

## 第3章 副業・ダブルワークで古物商をはじめる際の基本的な仕事の流れ【基礎知識編】



## 第4章 オンライン古物市場からはじめてみよう！【古物市場の基礎知識】

# 第5章 古物商でよくある質問Q&A講座

# 第6章 古物商・リサイクルショップの開業成功マニュアル【実践編】

# 第1章

# だれでもできる古物商・リサイクルビジネスの魅力ってなに?

# 1 初期投資があまりかからず「利益率」が高いのが魅力

古物商の魅力を1つ挙げるとすれば、

**投資リスクが低い割にはリターン「利益率」が高い**

――これに尽きるとおもいます。商売の基本は安く仕入れて高く売る、この基本中の基本がそのまま古物商の商売の鉄則になります。

1000円で仕入れた物が1万円で売れることは、実際に商売をしていてよくあることです。仕入れ価格は、販売価格の1割です。非常に高い利益率です。

これが新品を扱う物販であれば、販売価格の4割から5割での仕入れが普通です。

さらに古物市場では、1000円で仕入れた商品が10万円になるなんてこともあります。仕入れ価格は、販売価格のたった1パーセントです。

継続して古物商をされている多くの方も、似たような経験をしているものです。

そんな魅力があるのが古物商です。安く買えた商品が高く売れたときに化けるという言葉を使うことがあります。化けるとは、当人には、価値があるのかわからないもので捨ててしまっているものが、ある人にとってはとても価値のあるものになるということです。

これこそ古物商の最大の魅力であるとおもいます。１００円が10万円に変わるということは、多くの商売を見わたしてみても、それほど多くはないとおもいますが、私自身、長く古物商を続けているなかでも結構な頻度で経験しました。このような、「大化けした、おいしい話」は、古物商仲間からもよく聞くようになります。

## ◎100円で仕入れた物が1万円に化けるのが古物商の魅力

私が、古物市場（古物商の免許を取得したら出入りできるようになる、古物の仕入れ市場です。ここで安く仕入れて高く売れる「お宝」を見つけられるかどうかは、プロの目利き力にかかっています）に行きはじめた頃は、本当に欲しい物は競《せ》りで価格が上がり、なかなか買えませんでした。

そこで何を買ったかというと、誰も買わない商品、簡単に言うと誰も欲しくないとおもう物を100円で私が購入しました。具体的には、段ボールの中に入って売られている雑誌や本です。

買うに際して、私も大して期待していなかったのですが、その中に「スコア」と言われる楽譜が入っていて、1冊1万円ぐらいになるものや、5000円、6000円という高額でお客さんに売れるものが結構入っていて、合計で10万円以上になりました。そんな「ローリスク&高い利益率が期待できる」のが古物商の魅力だとおもいます。

だれも買わなかった雑貨の中に入っていたシャーペン、ボールペンを500円で買いました。ネットオークションにまとめて出品したところ、1円からスタートして、なんと2万円以上で落札されました。このようなことがあるのが古物市場の醍醐味です。

# 2 古物商で大切な「仕入れ」が家に居ながらオンラインでできるようになった！

## ◎オンラインで参加して仕入れができる古物市場が増えてきた

古物市場は、以前は閉鎖的な場所で一般的には知られていない場所でした。

仕入れをメインでしている方は、ライバルに教えたくない場所になります。競合が増えれば、安く買うことができなくなる可能性が出てくるからです。

現在は、ユーチューブ、ＳＮＳなどで古物市場での競りの様子や、古物市場で購入した商品の種類や、仕入れた商品がいくらで販売できたか、等が公開されています。

また、古物市場もオンラインで参加できる市場が増えました。**家に居ながら仕入れができるようになりました。**

## ◎コロナの影響で自宅の不要品の見直し・整理が進む

このように、古物商の仕入れ方法は、ここ10年でだいぶ様変わりしました。

特に長きにわたったコロナ禍の影響で、家で過ごすことが多くなり、在宅ワークのスペースを確保するためや、生活しやすいように部屋をすっきりシンプルにしたいと考える人が増えるにともない、自宅の不要品の整理を進める人が増えてきました。こうした動きは、多くのメディアで取り上げられるようになり、大きな注目を集めるようになりました。

捨ててしまえばゴミでしかない、あなたの不要品が、他の人には必要な品となり、お金を出して買いたい価値のある物に変わります。

誰かの役に立ち、さらにお金にもなるのなら、捨てるのはもったいない、という考え方をする人も増えてきました。

雑誌・テレビのメディアなどでも、リサイクルショップ・フリマアプリの特集が組まれました。自分で不要品を販売する人も増えていったのです。

動作不良な商品は、リサイクルショップでは買取できないものとして扱われる場合があります。しかし、壊れた**ジャンク品**でも売れるのが、ネット販売です。

ジャンク品とは故障していて使えない品や、一部の機能が使えず本来の製品の価値がないものですが、ジャンク品の部品を取り出して、修理して使うために購入するのです。ジャンク品を捨てる前に一度フリマアプリで売れているかを調べると、思わぬ高値で売れることもあります。

メルカリの調査によると、日本の家庭に眠る隠れ資産（=不要品）は66兆円にものぼり、国民一人当たりに換算すると約53万円になるという報告がありました。このデータはあくまで参考ですが、古物商にはまだまだ潜在的に大きなチャンスがあると考えることもできます。

【参考資料】

・メルカリの調査報告は、以下を参考にしてください。（2023年11月16日プレスリリース「2023年版 日本の家庭に眠る〝かくれ資産〟調査」国民一人あたり〝かくれ資産〟は平均約53・2万円、年末年始の大掃除で捨てる予定の不要品の資産価値は平均8・5万円相当に）

https://about.mercari.com/press/news/articles/20231115_kakureshisan/。

・リサイクル通信が公表する、リユース業界の市場規模推計2022（2021年版。

https://www.recycle-tsushin.com/news/detail_7557.php

## 中古・リサイクル品をお金に換える方法とは

**家にあるリサイクル品・不要品をお金に換える方法は２つある**

↓ ↓

| **自分で売る** | **買取をしてもらう** |
|---|---|
| ◎**自分で売る場合**<br>•フリーマーケットやレンタルボックスなどを借りてリアルに販売<br>•インターネットを使って日本、世界に販売。メルカリ・ヤフオク・アマゾン・eBay<br>【販売方法の選択と手順】…例としてオンライン販売を選択した場合<br>❶ ○○を販売する<br>❷オンライン販売<br>❸写真撮影と説明…品物の写真を撮り、説明文を作成する。<br>❹オンラインプラットフォームへ出品…eBay、メルカリ、Amazonなどに品物を出品する。<br>❺販売管理…購入者からの問い合わせや販売管理をおこなう。<br>❻取引成立…買い手と価格交渉し、取引を成立させる。<br>❼評価やフィードバックの管理…販売終了後、取引相手との評価やフィードバックに対応する。 | ◎**買取をしてもらう場合**…例、リサイクルショップへ持参する場合<br>❶ 品物の持ち込み…リサイクルショップに品物を持ち込む。<br>❷ 評価と価格提示…品物を評価し、価格を提示される。<br>❸取引成立…価格に合意し、品物を買取ってもらう。 |

# 3 不要品と新品の違いには3つの特性がある

不要品を販売する際に、不要品と新品との違いについて知っておきたい特性が3つあります。

まずひとつは、新品の商品と違う点は**「全て1点物」**であるということです。

中古品は使用に際して付いたキズや汚れなどコンディション（状態）がそれぞれ異なります。

また、付属品の有無で価値も変わってきます。そのため、買取や販売する際は、基本的に1点ごとやまとまった単位で査定をおこない、値付けをしています。

2つ目の特性は**「価格変動制」**です。

中古品はひとつ目の特性で紹介したように1点物になります。そのため、さまざまな条件によって価格が変動します。新品の相場や類似品の取引によって取引相場が形成されていますが、需要と供給のバランスによって価値が変動します。そのため、希少性が高く需要の多い商品は、新品時の価格を上回ることも珍しくありません。

一方、在庫が滞留している場合は、段階的に値下げをして販売をおこなっています。また、最新のモデルが近々発売される、季節外で売りづらい、確実に売れる商品等は、需要の変動を加味し、買取時の査定額を上げ下げして調整しています。

そして、3つ目の特性が**「偽造品、盗難品買取のリスク」**です。

買取店には、換金目的で偽造品が持ち込まれることがあります。そのため、買取店には真贋《しんがん》と呼ばれる本物かどうかを見極める能力が求められます。

うっかり偽造品を買い取ってしまった場合、その買取金が全額損失となってしまいます。それを販売した場合は、商標権侵害の罪を問われる可能性があります。

また、盗難品が買取に持ち込まれるリスクもあります。買取った商品が後に盗難品とわかった場合、無償で返さないといけないため、偽造品の買取と同様に買取金の損失につながる恐れがあります。

偽造品や盗難品に対しては細心の注意を払う必要があるのです。

# 4 【重要！】どのような場合に「古物商許可」が必要なのか

フリマアプリで中古品を販売する際に、自宅の不用品を販売する分には「古物商許可」は必要ありません。

では、どのような場合に「古物商許可」が必要かというと、**中古品の仕入れを継続して販売する場合に必要になります。**

副業で中古品を継続的に仕入れて販売するだけだから「古物商許可」は必要ないのではないか、月に数点くらいしか仕入れをしないから「古物商許可」は必要ないのではないか、と考えてしまって「古物商許可」を取得しないと大変なことになります。

会社員の方が、リサイクルショップで購入したものを、フリマアプリに**継続的に出品していたため、**古物営業法違反の疑いで書類送検された例もあります。

リサイクルショップやネットで転売して利益を得る。「それってどこが違反なの？」とおもってしまう方もいると思います。**古物商許可を取得していないのに、売る目的で継続的に買って利益を出すと、罪になる**のです。

売る目的ではなく、「自分のために買ったが、サイズが微妙に合わなかったから売った」場合などは、罪にはなりません。

**中古品を仕入れて継続的に扱う場合は、警察署に届出を出す必要があります。**

なぜ警察署に届出を出し古物商許可を取得しないといけないかと言うと、主に盗難品の観点からです。

盗難品は、買取専門店やリサイクルショップに持ち込み、現金化されたり、インターネットで販売されることが多いためです。

副業・サイドビジネスとして中古品を仕入れて、継続的に販売する場合、古物商許可が必要になります。**無許可で古物商の営業をおこなうと、懲役または100万円以下の罰金が科せられてしまいます。**

古物許可書は警察所に申請することで取得できます。

次のことに当てはまらなければ、取得できます（さらに詳しくは2章の2参照）。

- 成年被後見人、被保佐人又は破産者で復権を得ない者
（従来は禁治産者、準禁治産者と呼ばれていたもの）
- 禁錮以上の刑、又は特定の犯罪により罰金の刑に処せられ、5年を経過しない者
- 住居の定まらない者
- 古物営業の許可を取り消されてから、5年を経過しない者
- 営業に関して成年者と同一の能力を有しない未成年者

そもそも古物商とは、どのようなものなのか、以下、警視庁のホームページより抜粋します。

**古物とは**（第2条第1項）

**一度使用された物品、新品でも使用のために取引された物品、又はこれらのものに幾分の手入れをした物品を「古物」といいます。**

**また、無許可で古物商の営業を行うと『懲役3年または100万円以下の罰金』が課せられてしまいます。**

と書かれています。

**継続してリサイクル品を仕入れて販売する場合は古物許可証が必要になります。**

副業からはじめて、リサイクル販売を続けて行く覚悟ができた方は、古物許可証を取得をしたほうが良いということです。

古物許可証を取得することにより、**古物市場**に参加できるようになります。また、中古品の買取や委託販売をすることもできるようになります。

古物市場とは、買取業者・リサイクルショップ・便利屋・回収業者・遺品整理会社等が、競りで中古品を現金化する場所です。

# 5 古物商を継続する上で重要なのは「仕入れ」です

古物商を続けていく上で一番重要なのは「**仕入れ**」です。

古物商許可を取得することで、中古品の「仕入れ」が継続的にできるようになります。古物商にとって仕入れはとても重要で、仕入れを続けられるかどうかで古物商として成功できるかどうかが決まります。

## ◎仕入れる場所

前にも言いましたが、**需要のあるものを安く仕入れて高く売る、これは古物商だけでなく、あらゆる商売の鉄則**になります。

仕入れの場所は、

**・オンライン古物市場**

・リアル古物市場
・オンラインショップ

などがあります。

さらに免許を取得して古物商になると、**買取**をすることができます。

副業でやりたいので、買取までは考えていないという方もいるとおもいますが、お知り合いの方などの商品(不要品)を買取したり、または委託販売をすることで喜ばれます。

不要品を持っているが、フリマアプリをやらない方や、リサイクルショップに持ち込むのに抵抗のある方もいます。

でも捨てるにはもったいないとおもい、商品がそのまま家で眠っているというケースは多いものです。

友人・知人などに、古物免許を取得して、古物商になったことを話しておけば、お互いにメリットになります。

私の知り合いのある方の事例ですが、古物商になったということを知人に話したことで、不要になったブランド品を販売して欲しいという依頼を受けました。

そして、はじめて委託販売をした際に、ブランド品の他にも金の買取があったので、1回の取引で20万円以上の手数料になったとのご連絡をいただいたこともあります。

もちろん、不要品の販売を依頼した方も、まとまったお金が手に入るようになったので、

「こんなに多くの金額をいただけるの！」

と大変喜んでいただいたとのことです。

貴金属品やブランド品を委託販売で預かることで高額な手数料になります。

第2章

# 継続して仕入れをおこなう際に必要となる古物商の許可の取り方

## 1 古物商の許可申請は営業所在地の警察署が申請窓口となる

第1章で、副業からはじめて、リサイクル販売を続けて行く覚悟ができた方は、古物許可証を取得をしたほうが良い、と書きました。古物許可証をはじめ、古物商に関する詳細は、すべて古物営業法によって決められています。

まず、許可がないと営業ができないということもそうですし、扱える品目も決められています。

本章では、古物営業を進めていくに際して必要な、

- **許可申請の仕方**
- **扱える品目**
- **ネット古物商の届け出の仕方**
- **帳簿の記録、保管**

など法律で義務付けられていることについて、説明していきたいとおもいます。

## ◎古物商の許可の申請方法

古物商許可申請は、営業所在地の警察署が申請窓口になります。

個人で申請する場合と、法人で申請する場合では必要書類が違ってきます。

必要な書類は警視庁の古物営業法のＨＰに詳しく書いてあります。申請する前に警察署に電話を入れ、生活安全課の防犯係古物許可書担当者を聞いて、訪問する時間のアポをとっておくことをお勧めします。

なぜかというと、思い立ったが吉日で書類を持参しても、担当者の方がいない場合は受付をしていただけないこともあるからです。

### ステップ1　申請準備

古物商許可を取得するために、まずは地域の警察署や行政機関のウェブサイトなどで必要な書類や申請手続きについての情報を入手しましょう。一般的には、個人情報、事業計画書、経営者の履歴書などが必要になります。

## ステップ2　申請書の提出

必要書類を準備したら、アポを取って警察署に申請書類を提出します。

## ステップ3　許可の発行

審査を経て、古物商許可が承認されると許可証が発行されます。許可証を受け取ったら、事業を開始する準備が整います。

古物商許可の取得にかかる時間は地域や申請内容によって異なります。一般的には1か月から2か月かかります。

# 2 どんな人でも古物商になれるの？

許可申請に必要な提出書類さえそろえば、誰でも古物商の許可は取れます。ただし、次の項目に該当する場合は古物商の許可は受けられません。第1章でも触れましたが、さらに詳しく見ていきましょう（一度、古物営業法に目を通すことをお勧めします）。

**（1）成年被後見人、被保佐人（従来、禁治産者、準禁治産者と呼ばれていたもの）又破産者で復権を得ない者**

**（2）**

**・罪種を問わず、禁錮以上の刑**

**・背任、遺失物・占有離脱物横領、盗品等有償譲受け等の罪で罰金刑**

**・古物営業法違反のうち、無許可、許可の不正取得、名義貸し、営業停止命令違**

反で罰金刑に処せられ、刑の執行が終わってから5年を経過しない者

※執行猶予期間中も含まれます。執行猶予期間が終了すれば申請できます。

（3）住居の定まらない者

（4）古物営業法第24条の規定により、古物営業の許可を取り消されてから5年を経過しない者

※許可の取消しを受けたのが法人の場合は、その当時の役員も含みます。

（5）古物営業法第24条の規定により、許可の取り消しに係る聴聞の期日等の公示の日から、取り消し等の決定をする日までの間に、許可証を返納した者で、当該返納の日から起算して5年を経過しない者

（6）営業について成年者と同一能力を有しない未成年者

※婚姻している者、古物商の相続人であって法定代理人が欠格事由に該当しない場合は、申請できます。

（7）営業所又は古物市場ごとに、業務を適正に実施するための責任者としての管理者を選任すると認められないことについて相当な理由のあるもの

※欠格事由に該当している者を管理者としている場合などが該当します。

（8）法人役員に、（1）～（5）に該当するものがある者

# 3 法律で定める古物商で扱える品目を知っておこう

古物商で扱える古物は、古物営業法施行規則・第二条に定められていて、次の13品目に分類されています。

**(1) 美術品類**…あらゆる物品について、美術的価値を有しているもの
【例】絵画、書、彫刻、工芸品、登録火縄銃・登録日本刀

**(2) 衣類**…繊維製品、革製品等で、主として身にまとうもの
【例】着物、洋服、その他の衣料品、敷物類、テーブル掛け、布団、帽子、旗

**(3) 時計・宝飾品類**…そのものの外見的な特徴について使用する者の嗜好によって選択され、身につけて使用される飾り物

【例】時計、眼鏡、コンタクトレンズ、宝石類、装飾具類、貴金属類、模造小判、オルゴール、万歩計

**（4）自動車**…自動車及びその物の本来的用法として自動車の一部として使用される物品

【例】その部分品を含みます。タイヤ、バンパー、カーナビ、サイドミラー等

**（5）自動二輪車及び原動機付自転車**…自動二輪車及び原動機付自転車並びに、その物の本来的用法として自動二輪車及び原動機付自転車の一部として使用される物品

【例】タイヤ、サイドミラー等

**（6）自転車類**…自転車及びその物の本来的用法として自転車の一部として使用される物品

【例】空気入れ、かご、カバー等

**（7）写真機類**…プリズム、レンズ、反射鏡等を組み合わせて作った写真機、顕微鏡、

分光器等

【例】カメラ、レンズ、ビデオカメラ、望遠鏡、双眼鏡、光学機器

**(8) 事務機器類**…主として計算、記録、連絡等の能率を向上させるために使用される機械及び器具

【例】レジスター、タイプライター、パソコン、ワープロ、コピー機、ファックス、シュレッダー、計算機

**(9) 機械工具類**…電機によって駆動する機械及び器具並びに他の物品の生産、修理等のために使用される機械及び器具のうち、事務機器類に該当しないもの

【例】工作機械、土木機械、医療機器類、家庭電化製品、家庭用ゲーム機、電話機

**(10) 道具類**…(1)~(9)、(11)~(13)に掲げる物品以外のもの

【例】家具、楽器、運動用具、CD、DVD、ゲームソフト、玩具類、トレーディングカード、日用雑貨

**(11)皮革・ゴム製品類**…主として、皮革又はゴムから作られている物品

【例】鞄、バッグ、靴、毛皮類、化学製品(ビニール製、レザー製)

**(12)書籍**

**(13)金券類**

【例】商品券、ビール券、乗車券、航空券、各種入場券、各種回数券、郵便切手、収入印紙、オレンジカード、テレホンカード、株主優待券

実際に古物商許可を申請する際には、この13品目の中から、1つメインに扱う品目を決めます。

私は服の販売を多く取り扱っていたので「2の衣類商」で申請しました。

許可申請書の項目にある、取り扱う区分のところは、今は取り扱っていなくても、今後予定があるかもしれないものは「○」をつけてください。

自動車などは駐車場があるか、など決まりがありますので、そのあたりのことは警察署に申請に行った際に質問すれば詳しく教えてくれます。

## 許可申請の際に「主に扱う品目」を決める

**13品目の中から、**
**1つメインに扱う品目を決める**

↓

**許可申請書の「主として取り扱おうとする古物の区分」の欄の01～13のいずれかに○をつける**

↓

**〈私のケース〉**
**「服の販売が多かった」ので「2の衣類」にしました**

↓

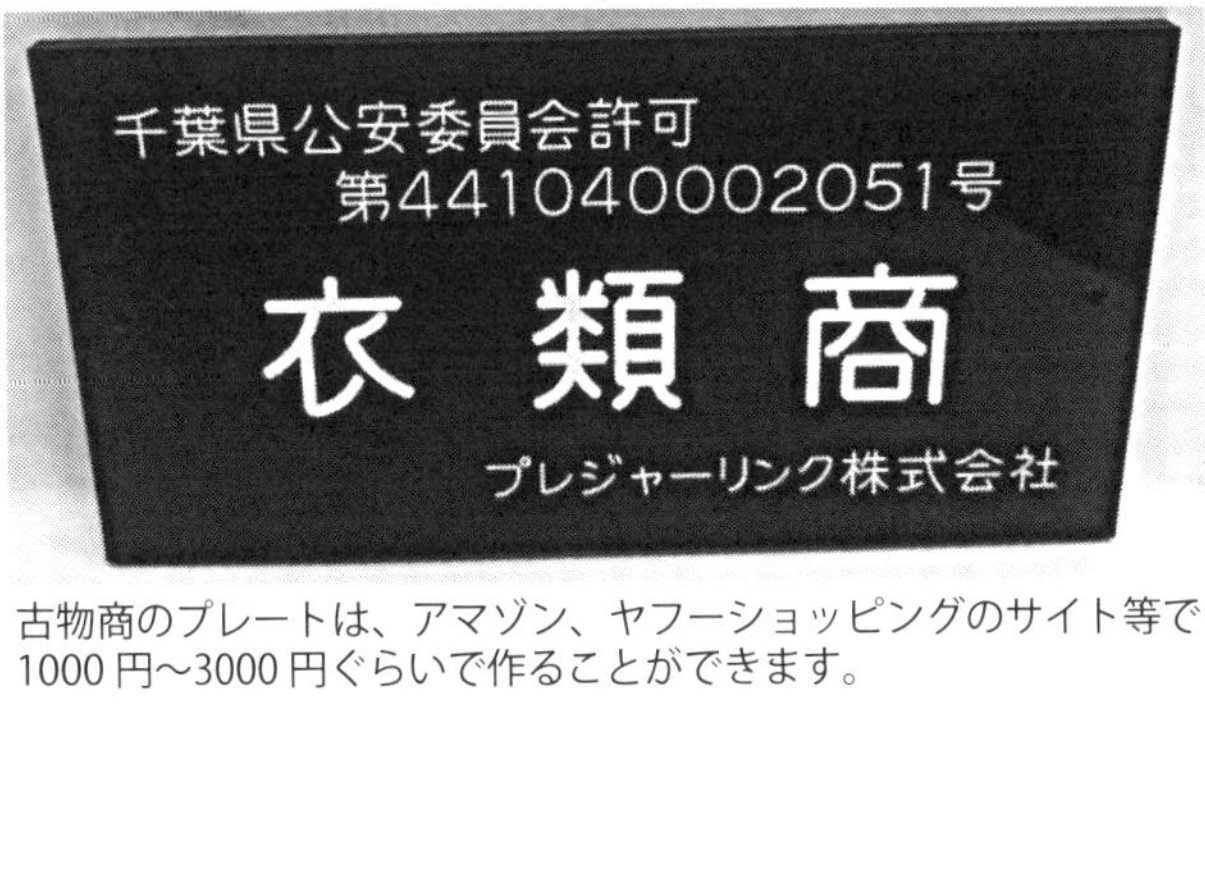


古物商のプレートは、アマゾン、ヤフーショッピングのサイト等で1000円～3000円ぐらいで作ることができます。

# 4 古物商の許可申請の流れ【記入例と注意点】

## ◎許可申請書のなかにある「行商」とはなにか

許可申請の流れは、47頁を参照してください。許可申請に必要な書類は、これも警視庁のホームページにもありますが、48頁の表を参照してください。許可申請の記載例は、49〜51頁を参照してください。

たとえば、49頁の許可申請記載例①の中の、住所欄の下に「行商をしようとする者であるかどうかの別（★印参照）」という欄があり、ここで行商という最近あまり聞かない言葉が使われています。

古物営業法でいう「行商」とは、申請をした住所以外で販売・買取をすることを指しています。

たとえば、古物市場で購入したり、販売したりすることを指します。

また、フリーマーケットで販売したり、出張買取をする場合も「行商」に当たります。

ですから、ここの欄はほとんどの方が該当しますので、「1.する」に○で問題ないです。

## ◎喫茶店やコンビニの駐車場などで「買い受けること」は禁止されている

また、**古物の買取は、届け出た営業所か、相手方の住所、居所でなければできません。**

「行商する」に○になっていても、古物の買取をする場合は、場所に制限があります（古物営業法・第14条の営業の制限により定められている）。

たとえば、スーパーやコンビニの駐車場、ファミリーレストラン、喫茶店などで、古物を買い受けることはできません。

「行商する」と届け出ていても「売る」ことはできますが、「買取」ことはできません。

これに違反すると営業許可を取り消される場合もあるので注意が必要です。

また、相手の自宅などを訪問して買取をおこなう場合は、古物商本人の場合は許可証、従業員は、「行商従業者証」を携帯する義務があります。

## 古物商の免許を取得するまでの流れ

**申請書類を用意する**

- 許可申請書
- 身分証明書
- 登記されていないことの証明書（東京法務局が発行する「成年被後見人・被保佐人に登記されていないこと」を証明するもの）
- 住民票
- 略歴書
- 誓約書
- 営業所の賃貸契約書のコピー
- 駐車場等保管場所の賃貸契約書のコピー（自動車等の買取の場合、保管場所が確保されているかを確認するためのもの）
- （URLを届け出る場合）プロバイダー等からの資料のコピー
- 申請費用　1万9000円（2024年１月現在、要確認）

↓

**申請場所**

↓

**営業所の所在地を管轄する警察署の「防犯係」が窓口**

↓

**審　査**

↓

**許可証の交付**

↓

**開　業**

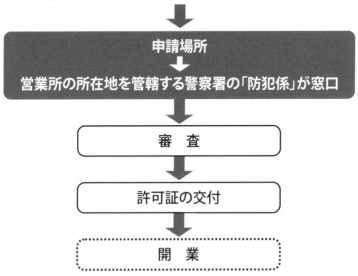

## 古物商の許可申請から実地調査、認可までの流れ

**ステップ1** 申請書類を提出する

↓

**ステップ2** 実地検査（実査）

・警察官が出向いて、申請者の営業所を調査
・営業所の所在地と取り扱う古物が申請書通りであるかを確認する

↓

**ステップ3** 標識（プレート）と古物台帳の購入先を指定

↓

**ステップ4** 標識と古物台帳を購入し、警察署に持参する

↓

**ステップ5** 古物商の許可証を交付する

・住所・氏名・行商の有無を確認する

↓

**開業!!**

## 古物商の許可申請する際に必要な書類

| 必要書類 | 個人で許可申請する場合 | 法人で許可申請する場合 |
|---|---|---|
| 法人の登記事項証明書 | × | ○ |
| 法人の定款 | × | ○ |
| 住民票 | ○<br>本人と営業所の管理者 | ○<br>監査役以上の役員全員と営業所の管理者 |
| 身分証明書 | ○<br>同上 | ○<br>同上 |
| 登記されていないことの証明書 | ○<br>同上 | ○<br>同上 |
| 略歴書 | ○<br>同上 | ○<br>同上 |
| 誓約書 | ○<br>同上 | ○<br>同上 |
| 営業所の賃貸借契約書のコピー | △ | △ |
| 駐車場等保管場所の賃貸借契約書のコピー | △ | △ |
| URLを届け出る場合は、プロバイダー等からの資料のコピー | △ | △ |

## 個人許可申請の記載例-①

別記様式第１号その１（ア）（第１条関係）

| | | | | |
|---|---|---|---|---|
| 資料区分 | ① 11 | | 受理年月日 | ②3.昭和4.平成　年　月　日 |
| 受理警察署 | ② | （　　署） | | |
| 許可証番号 | ③ | | 許可年月日 | ⑤3.昭和4.平成　年　月　日 |

該当する方に○　（古物商）／古物市場主　許可申請書

古物営業法第５条第１項の規定により許可を申請します。

申請日を記載
年　月　日

東京都　公安委員会　殿

申請者の氏名又は名称及び住所
東京都○○区○○1－1－1
桜田ハイツ101号室
桜田　太郎　㊞

| | | |
|---|---|---|
| 許可の種類 | ⑥ (1). 古物商　2. 古物市場主 | |
| 氏名又は名称 | （フリガナ）⑦ サクラダ　タロウ<br>（漢字）⑧ 桜田　太郎 | |
| 法人等の種別 | ⑨ 1.株式会社 2.有限会社 3.合名会社 4.合資会社 5.その他法人 (6)個人 | |
| 生年月日 | ⑩ 西暦 0　明治 1　大正 2　昭和 (3)　平成 4　年 0036　月 01　日 01 | |
| 住所又は居所 | 東京 (都)道府県 ○○ 市(区)町村<br>⑫ ○○1－1－1　桜田ハイツ101号室<br>電話（　03　）○○○○－○○○○番 | ⑪<br>国籍<br>⑬（　　） |
| 行商をしようとする者であるかどうかの別 | ⑭ (1)する　2. しない | |
| 主として取り扱おうとする古物の区分 | ⑮ 01 美術品類　02 衣類　(03)時計・宝飾品類　04 自動車　05 自動二輪車・原付　06 自転車類　07 写真機類　08 事務機器類　09 機械工具類　10 道具類　11 皮革・ゴム製品類　12 書籍　13 金券類　（いずれか1つに○を付けること） | |

★→（行商をしようとする者であるかどうかの別）

| | | | |
|---|---|---|---|
| 代表者等 | 種別 | ⑯ 1. 代表者　2. 役員　3. 法定代理人 | |
| | 氏名 | （フリガナ）⑰<br>（漢字）⑱ | |
| | 生年月日 | ⑲ 西暦 0　明治 1　大正 2　昭和 3　平成 4　年　月　日 | |
| | 住所 | 都道府県　市区町村<br>㉑<br>電話（　　）　－　番 | ⑳<br>国籍<br>㉒（　　） |

記載要領
1　申請者は、氏名を記載し及び押印することに代えて、署名することができる。
2　最上段及び太枠右側の細枠内には記載しないこと。
3　不要の文字は、横線で消すこと。
4　数字を付した欄は、該当する数字を○で囲むこと。

# 個人許可申請の記載例-②

別記様式第１号その２（ア）（第１条関係）　　　　　　　　　　（　／　）

| | | | | |
|---|---|---|---|---|
| 資料区分 | ① １３ | | 受理年月日 | ②3.昭和 4.平成　年　月 |
| 受理警察署 | ③ | （　　署） | 許可の種類 | ④１．古物商　２．古物市場主 |
| 許可証番号 | ⑤ | | 許可年月日 | ⑥3.昭和 4.平成　年　月 |
| 所轄警察署 | ⑦ | （　　署） | 営業所等整理番号 | ⑧ |

| | | | |
|---|---|---|---|
| 営業所・古物市場 | 形態 | ⑨ ①営業所あり　２.営業所なし　３.古物市場 | |
| | 名称 | （フリガナ）⑩ リサイクルショップ　サクラダ | |
| | | （漢字）⑪ リサイクルショップ桜田 | |
| | 所在地 | （住所又は居所と同じ場合は、記載を要しない）<br>都道府県　　市区町村 | ⑫ |
| | | ⑬<br>電話（　　）　－　　番 | |
| | 取り扱う古物の区分 | ⑭ 01 美術品類　⓪②衣類　⓪③時計・宝飾品類　04 自動車　05 自動二輪車・原付<br>06 自転車類　07 写真機類　08 事務機器類　09 機械工具類　⑩道具類<br>⑪皮革・ゴム製品類　12 書籍　13 金券類 | |
| | 管理者 氏名 | （フリガナ）⑮ サクラダ　タロウ | |
| | | （漢字）⑯ 桜田　太郎 | |
| | 管理者 生年月日 | ⑰ 西暦 0　明治 1　大正 2　昭和 ③　平成 4　年 0036　月 01　日 01 | |
| | 管理者 住所 | 東京　都道府県（都に○）　○○　市区町村（区に○） | ⑱ |
| | | ⑲ ○○1－1－1　桜田ハイツ101号室<br>電話（ 03 ）○○○○－○○○○番 | 国籍<br>⑳（　） |

記載要領

1　最上段及び太枠右側の細枠内には記載しないこと。

2　数字を付した珊は、該当する数字を○で囲むこと。

## 個人許可申請の記載例-③

別記様式第1号その3

| | | | | | | | | | | | | | |
|---|---|---|---|---|---|---|---|---|---|---|---|---|---|
| 電気通信回線に接続して行う自動公衆送信により公衆の閲覧に供する方法を用いるかどうかの別 | | | | | (1.) 用いる | | | | 2. 用いない | | | | |
| 送信元識別符号 | | | | | | | | | | | | | |
| h | t | t | p | : | / | / | w | w | w | . | k | e | i |
| s | h | i | c | h | o | . | m | e | t | r | o | . | t |
| o | k | y | o | . | j | p | | | | | | | |
| | | | | | | | | | | | | | |
| | | | | | | | | | | | | | |
| | | | | | | | | | | | | | |
| | | | | | | | | | | | | | |
| | | | | | | | | | | | | | |
| | | | | | | | | | | | | | |

記載要領

1 申請者は、氏名を記載し及び押印することに代えて、署名することができる。
2 不要の文字は、横線で消すこと。
3 数字を付した欄は、該当する数字を○で囲むこと。
4 送信元識別符号の英字は、点線を参考にして、活字体で記入すること。
5 送信元識別符号のうち誤読されやすいものには、適宜ふりがなをふること。
6 所定の欄に記載し得ないときは、別紙に記載の上、これを添付すること。

## 古物商許可証

**古物商許可証を手に入れてからが**
**商売のスタートになる**

# 5 ネット古物商は取引をおこなうURLを警察署に届け出る

主にインターネットを利用して取引をおこなう、いわゆるネット古物商として開業したい場合は、該当するURL（古物を販売するURL、古物の買取をするのであれば買取をするURL）を警察署に届出なければいけません。

ホームページ、ネットショップがなくても、メルカリショップのURLなどで大丈夫です。

詳しくは、古物商の営業所を開設される警察署に問い合わせをしてみてください。

なお、販売・買取のURLがまだ決まっていない場合でも、先に申請をすることができます。申請から取得まではおおよそ40日前後の期間を要するので、その間に決めても良いと思います。URLの申請は古物商の取得後でも問題ありません。

現在（２０２４年１月）、警視庁のＨＰには、次のように記載されています。

**ポイント**

古物商の方が「自身でホームページを開設する」、「オークションサイトにストアを出店する」場合は、開設等から２週間以内に変更届出（ＵＲＬの届出）が必要です。

ホームページを開設等してから届出をしてください（届出だけして未開設のままの方が多くいます）。

単なる会社のホームページ等、古物に関する情報の記載がない場合や、オークションサイトに１点ずつ出品する場合は、届出の必要はありません。

また、届出たＵＲＬを変更した場合、閉鎖した場合も届出が必要です。

# 6 古物商で義務づけられていること

## ・帳簿を付けることが義務づけられている

古物台帳は各都道府県の防犯協会でも販売しています。

その他エクセル等、独自のパソコンで管理することも認められています。私の店では独自の伝票を使っています（136頁の「買取・委託品預り書」を使っています）。

こちらは　3年間保存しておかなければなりません。

古物台帳が必要な理由としては、主に盗難品などを出まわるのを防ぐために、義務づけられています。

具体的には、次の【受け入れの場合】と【払い出しの場合】で記録する項目は異なりますが、取引をしたら確認事項と取引の記録を管理し、保存しておくことが義務づけられているのです。

**【受け入れの場合】に記録すること**

**年月日**……その古物を受取った日付

**区分**……「買受」・「委託」、または「交換」の旨を記入

**品目**……受取った古物の通称名、グレードなど。特徴・シリアル番号や車体番号、年式や細かい特徴など。

**数量**……その古物の数量（基本的には1つにつき1つの欄を使用するので、基本1で）

**確認の方法**……相手の真偽を確認するためにおこなった手段。文書交付を受けた場合はその旨も記録する

**住所、氏名、職業、年齢**……これもかなり詳細に記録すること

**【払い出しの場合】に記録すること**

**年月日**……その古物を払い出した日付

**区　分**……「売却」・「委託」に基づく、「引き渡し」「返却」の旨を記入する

**住所、氏名、職業、年齢**……詳細に記録する

**1万円以下の取引や免除されている品物以外は全て記載義務があります。現在は盗難品がインターネットで販売される場合が多々あります。こうした「盗難品」が出まわった場合に犯人逮捕の決め手になるのが、盗難品の特徴・シリアル番号になります。**

この特徴・シリアル番号がない場合は特定できないため、この記録を詳細に書くことにより犯人特定につながります。

私が経営するお店でも商品の盗難の被害に遭ったことがありますが、商品の特徴を記録していたため、盗難品が見つかり、犯人を特定でき、商品が戻ってきました。

記載義務を実行しなかったため、違反をして検挙されている事業者もいるので、決められたことは厳守することです。

## 古物商・実践のポイント

### ●古物営業法より抜粋

**（確認等及び申告）**

第十五条　古物商は、古物を買い受け、若しくは交換し、又は売却若しくは交換の委託を受けようとするときは、相手方の真偽を確認するため、次の各号のいずれかに掲げる措置をとらなければならない。

**一　相手方の住所、氏名、職業及び年齢を確認すること。**

**二　相手方からその住所、氏名、職業及び年齢が記載された文書（その者の署名のあるものに限る。）の交付を受けること。**

三　相手方からその住所、氏名、職業及び年齢の電磁的方法（電子的方法、磁気的方法その他の人の知覚によつて認識することができない方法をいう。以下同じ。）による記録であつて、これらの情報についてその者による電子署名（電子署名及び認証業務に関する法律（平成十二年法律第百二号）第二条第一項に規定する電子署名をいい、当該電子署名について同法第四条第一項又は第十五条第一項の認定を受けた者により同法第二条第二項に規定する証明がされるものに限る。）が行われているものの提供を受けること。
四　前三号に掲げるもののほか、これらに準ずる措置として国家公安委員会規則で定めるもの
2　前項の規定にかかわらず、次に掲げる場合には、同項に規定する措置をとることを要しない。
一　対価の総額が国家公安委員会規則で定める金額未満である取引をする場合（特に前項に規定する措置をとる必要があるものとして国家公安委員会規則で定める古物に係る取引をする場合を除く。）
二　自己が売却した物品を当該売却の相手方から買い受ける場合
3　古物商は、古物を買い受け、若しくは交換し、又は売却若しくは交換の委託を受けようとする場合において、当該古物について不正品の疑いがあると認めるときは、直ちに、警察官にその旨を申告しなければならない。（昭二九法一六三・一部改正、平七法六六・旧第十六条繰上・一部改正、平一四法一一五・一部改正）

（帳簿等への記載等）

第十六条　古物商は、売買若しくは交換のため、又は売買若しくは交換の委託により、古物を受け取り、又は引き渡したときは、その都度、次に掲げる事項を、**帳簿若しくは国家公安委員会規則で定めるこれに準ずる書類（以下「帳簿等」という。）に記載をし、又は電磁的方法により記録をしておかなければならない。**ただし、前条第二項各号に掲げる場合及び当該記載又は記録の必要のないものとして国家公安委員会規則で定める古物を引き渡した場合は、この限りでない。

**一　取引の年月日**

**二　古物の品目及び数量**

**三　古物の特徴**

**四　相手方（国家公安委員会規則で定める古物を引き渡した相手方を除く。）の住所、氏名、職業及び年齢**

**五　前条第一項の規定によりとつた措置の区分**（同項第一号及び第四号に掲げる措置にあっては、その区分及び方法）（平七法六六・旧第十七条繰上・一部改正、平一四法一一五・一部改正）

第十七条　古物市場主は、その古物市場において売買され、又は交換される古物につき、取引の都度、前条第一号から第三号までに規定する事項並びに取引の当事者の住所及び氏名を帳簿等に記載をし、又は電磁的方法により記録をしておかなければならない。

**（平七法六六・旧第十八条繰上・一部改正）**

第十八条　古物商又は古物市場主は、前二条の**帳簿等を最終の記載をした日から三年間営業所若しくは古物市場に備え付け、又は前二条の電磁的方法による記録を当該記録をした日から三年間営業所若しくは古物市場において直ちに書面に表示することができるようにして保存しておかなければならない。**

2　古物商又は古物市場主は、前二条の**帳簿等又は電磁的方法による記録をき損し、若しくは亡失し、又はこれらが滅失したときは、直ちに営業所又は古物市場の所在地の所轄警察署長に届け出なければならない。**

（昭三七法七六・昭四五法一一一・一部改正、平七法六六・旧第十九条繰上・一部改正）

# 第3章

# 副業・ダブルワークで古物商をはじめる際の基本的な仕事の流れ

## 【基礎知識編】

# 1 古物商をはじめるのにいくらかかるのか？

**◎副業ではじめるなら「許可申請費用＋仕入れ代金」で10万円もあればＯＫ！**

古物商をはじめるために必要な資金は、副業でやる際には、**許可手続きの申請費用が約2万円**（警視庁ＨＰによると手数料１万９０００円、更新日２０２０年７月）あればはじめることができます。

後は**仕入れにかかるお金**が必要になります。

仕入れ金額もはじめたばかりの頃は何を買って良いかわからないと思いますので、**許可申請費用と合わせて10万円**もあれば大丈夫です。

## ◎起業してはじめる場合の開業費用はいくらかかるのか

起業する際には、自宅で開業すれば、店舗・事務所を借りる必要がないので、ケース・バイ・ケースでかかる費用に幅がありますが、100万円〜500万円あれば良いと思います。

ざっと費用についてみていきましょう。

**ポイント1　店舗や事務所の賃貸費用**

実店舗や事務所を借りる場合、家賃や敷金、礼金などの初期費用がかかります。これは立地や店舗の広さによって異なりますが、数十万円から数百万円になることが一般的です。

**ポイント2　在庫購入費用**

販売するための商品の在庫を確保するための〝仕入れ〟の資金も重要です。これは商品の種類によって大きく異なりますが、数十万円から数百万円の資金が必要になります。

水道光熱費、また、アルバイト・パート・社員を雇う場合には、給与の他に社会保険費等がかかりますので、十分な売上げがあがるまでは、慎重に計画することが大事になります。

ほかに、電話代・インターネット通信費・事務用品などの日常的な経費もかかります。

**ポイント3　販売促進・広告宣伝費用**

名刺・チラシ・のぼり旗・ホームページ制作費、集客をするための広告費も必要になります。

店舗を出す場合は、看板はとても重要です。販売促進の初期費用で数十万円～数百万円、毎月の広告費として数万円～数十万円かかります。

ただし、広告等はキャッチコピーなども大事なので、少しずつ改善をしながら、少額の広告費からはじめてください。

# 2 実際、古物商の仕事の流れはどうなっているのか

### ◎1日の仕事の流れ

古物商でやるべき仕事には次のようなものがあります。

まず第一に重要なのは、スケジュール管理です。

例えば、月5万円の売上目標を立てた場合、それを実現するための仕事の流れを作ります。その際、実際にやるべき仕事と身に付けたいスキルには次のようなものがあります。


**【週のスケジュール】**
・週初めに1週間の目標を設定し、その**目標**に基づいてスケジュールを作成します。

・平日の余裕のある時間や週末を利用して、1日1～2時間程度を確保しましょう。

**【タスク管理】**

**・仕入れ▼商品の整理・撮影▼ネット販売▼梱包・発送**、などのタスクをリストアップし、優先順位をつけます。

・各タスクにかける予定時間を見積もり、実際の時間と比較しながら調整していきます。

**【時間の効率化】**

・作業を効率化するために、同じような作業をまとめておこなうなど、工夫を凝らします。例えば、仕入れた商品の撮影やリスト作成を一気におこなうなど、効率的な手法を模索します。

**【仕入れの方法】**……オンライン古物市場の活用

・古物市場ではオンラインでも仕入れることができます。古物市場で利益の出る商品を探すためには、リサーチが重要になります。オンライン古物市場での落札価格の実績と、自分が出品するフリマアプリでの販売価格をリサーチします。

【古物市場やリサイクルショップへの訪問】

・リサイクルショップを訪れることで、いろいろな商品の価格、販売相場を知ることができます。

・定期的に足を運び、商品や値段の知識を増やしましょう。

【価値の判断】

・商品の価値を正確に判断するために、雑誌や書籍、インターネットの情報を参考にします。

・今、人気があるトレンド商品は需要があるため、仕入れをしてもすぐに現金化することができます。古物市場に行った際には、競りで値段が上がって買えなかった商品、また自分が買う商品でなくても、競りで高くなった商品は メモをして、帰宅後にフリマアプリで実際に売れている金額を調べることにより、現在のトレンド・商品知識・相場も知ることができます。

## 3 1ヶ月の仕事の進め方の手順はどうなっているのか（チャート例）

副業古物商で毎月の売上を安定させるには、計画的な仕入れが大事になってきます。

そのためには、毎月いくら仕入れて、どのくらいの売上を確保したいのか、**「毎月の目標」**を決めましょう。

**◎副業古物商の1ヶ月の仕事の流れ**

**ステップ1　仕入れをする**

・古物市場での効果的な仕入れ方法を探る。

・フリマアプリやオークションサイトで需要の高い品物を見極める。
・商品を安く仕入れ高く売るために、専門知識や市場動向を学び、仕入れる商品の基準を身につける。
・オンライン古物市場あるいはリアル古物市場に、月に何回行き、いくら仕入れ、何個落札すれば目標金額を達成できるかの基準を身につける。
・仕入れる際には、需要の高さを考慮して品物を選定する。

**ステップ2　出品する**

・出品する際には、魅力的な写真と詳細な説明を作成する。商品の状態や特徴を正確に伝えることが重要。
・商品を効果的に出品する。ターゲットとなる顧客層に合わせてサイトを使い分ける(メルカリ、ヤフオク、アマゾン、eBay)。
・価格設定には、販売するサイトの価格・需要をリサーチして設定する。

**ステップ3　発送する**

・発送プロセスを効率化するために、包装資材や手順を整える。発送時の商品の安全性を確保するための適切な包装をおこなう。
・迅速かつ確実な発送をすることで、良い評価をいただける。

これらの手順を通じて、売上目標を達成するためには、効果的な仕入れ、魅力的な出品、そして顧客満足度を高める確実な発送が欠かせません。
また、落札者とのコミュニケーションを大切にし、フィードバックを受け入れることも重要です。

フリマアプリでは、評価数が大事になります。良い評価が増えるほど購入する方も安心できるため、高額な商品も売れていきます。リサイクル品は利益率が良いのも特徴です。

月の売り上げの目標金額を達成するために、単価・利益率を上げることで効率化が図れます。

■例　売り上げ目標　利益10万円　平均単価７０００円　利益３５００円

として計算してみます。

月29個×３５００円＝１０１５００円

以上から、一日に1個落札されれば売り上げ目標は達成することができます。

## やるべき仕事の“スキル”、“質”を磨こう

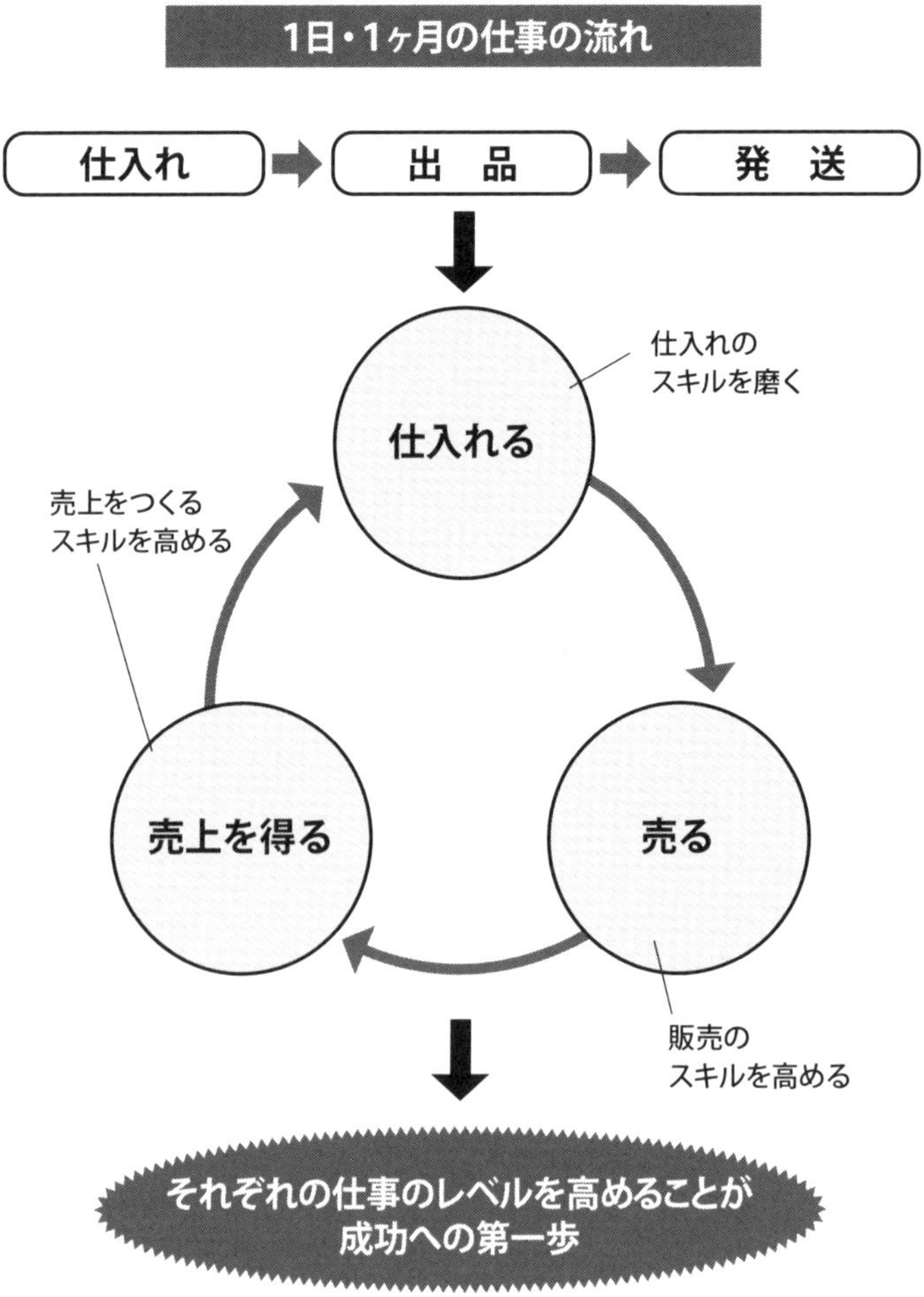

# 第4章

# オンライン古物市場からはじめてみよう!
## 【古物市場の基礎知識】

# 1 オンライン古物市場からはじめて、利益が出るようになったらリアル古物市場へ挑戦！

コロナの影響でオンライン古物市場も増えました。参加する側のメリットとしては、**ネットがつながる環境であれば、どこにいても参加できる点**です。会場に移動する必要もないので交通費もかかりません。

また、自動入札ができるオンライン市場が多いので、自分が落札したい金額を開催中に入札しておけば、リアルタイムで参加しなくても済みます。

開催日は予定があったとしても、前日の日に入札を済ませておけば、自分の希望金額を上回る入札がなければ落札することができます。

好きな場所・好きな時間に参加できるため、副業で参加される会社員の方・サイドビジネスとして取り組んでいる方にもお勧めです。

現在は、**【オンライン古物市場】**とインターネットで検索すれば、オンラインで開催している古物市場を見つけることができます。新しくオンライン市場を開催する企業や、会員増加のための入会金無料キャンペーンなどをしている古物市場もあります。キャンペーンをうまく利用して参加してみてください。

もう一つ、オンラインの良いところは、**回りを気にすることなくできる点**です。まだ古物市場への参加経験も浅く、慣れていないとリアルの古物市場に行っても、なかなか声を出せずに買うことができないという声をよく聞きます。

まだ古物商になりたてのころに、ひとりで古物市場に行ったけれど何も買えなかった。あるいは、買ったけれど売れなかった、あるいは高く売れなかったために、損をしてしまったという経験をしたために、古物商では儲けることができないと辞めてしまう人もいます。

これは、ネット販売の経験も少なく、古物商は儲かると話を聞き、古物市場に行けば誰でも安く仕入れができると思いこんでしまっているからです。

古物市場で、初日から仕入れをして利益を出す人もいますが、そういう人たちは、すでにヤフオクやメルカリで多くの販売を経験している人達です。

最初からうまくいっている人は、今までの経験から、販売相場もわかっているので、そのような方にとって古物市場は、とても安く仕入れることができる場所だと驚かれて、すぐに儲けることができるのです。

**古物市場も・ネット販売も経験が大きな力になります。**

例えば、ネット販売に出品する場合でも、1回の評価がたまたま満点の100を取るということよりも、出品する回数を1000件、1万件という経験を積み重ねることで、写真の撮影方法やタイトル説明文の書き方も上達し、高値で販売することができるようになるのです。

それと同じで、古物市場も1回よりも10回、100回と通って経験を積み重ねることで、購入する商品のなかでどれが利益の出るものなのかが徐々にわかってきます。

まずは、オンライン古物市場で購入することができ、利益が出るようになったら、リアルの古物市場に参加してみてください。

同じ古物市場に参加し続けていると、ひとつの傾向があることがわかってきます。例えば、ある人の商品は状態があまりよくない、ある人の商品は綺麗な状態で利益の出る商品が多い、といった商売にとって貴重な情報がわかってきます。

# 2 「古物市場」の基礎知識

## ◎古物市場は手数料で成り立っている

古物市場は全国各地にあります。

探し方は、ネット検索で古物市場と入力すると、結構な数の古物市場を探すことができます。

また、業界紙の「リサイクル通信10日号」に記載しています。リサイクル通信は古物商業界の最新のトレンドや、売り上げの良いリサイクルショップへのインタビュー記事などリユース業界の最新の動向を掲載しているので、購読することをお勧めします。

また全国の古物市場開催の日程・開催場所が掲載されています。掲載されている古物市場は、商品を売る方・買う方を募集するために掲載していますので、初心者の方でも受け入れてくれるところが多いです。

古物市場の名称・電話番号も出ていますので、参加したい場所がみつかったら電話で問い合わせをして、初めて行くこと、また、どんな商品が多く出品されるかなどを聞くといいでしょう。

古物市場は、**「歩銭（ぶせん）」**で成り立っていると言われる、手数料があります。古物市場としては、売り歩銭（＝売る際にかかる手数料）・買い部銭（仕入れた際にかかる手数料）が多いほど利益になります。

古物市場の主催者の方自身も、古物商品を出品して売り上げをあげていることもありますが、歩銭も収入源になります。

## ◎人が多く集まる古物市場は買うほうにも、売るほうにもチャンスがある

人が多く集まる古物市場は取引も活発になります。

商品を出品する人は、少しでも高くなって欲しいので、買う人が多くいるほうがその確率が上がります。

買う人にとっては、安く買うことができることも重要ですが、人がたくさん集まる古物市場は、それだけ多くの良い商品が集まっているともいえるため、自分の欲しい商品がたくさん出てくることになります。

古物市場に新参者が来たときには、正直ライバルが増えるので、あの手この手で買わせないようにする古株の人も出てきます。ですが、何度か行っていると声を掛けてくれる人も出てきたり、貴重な情報交換ができたりします。

### 知っ得情報

古物市場を探すには、本文でも紹介しました「リサイクル通信10日号」を見ると便利です。詳しくはユーチューブで!!

HTTPS://YOUTU.BE/LXHOOIXLFMO

# 3 「古物市場」は買うだけでなく、売る所でもある

古物市場に参加する場合、初めのころは購入するほうが多いとおもいますが、古物市場は売買するところなので売ることもできるのです。

慣れてきたら、売る場所としてもいい場所ですので、活用することをお勧めします。

売る（＝出品する）ときの注意点としては、古物市場によっては出品点数が少ないと受け付けてくれないこともあるので、古物市場の開催前に古物主に出品することを事前に伝えておくといいでしょう。

仕入れを始めた際には、不慣れなためにいろいろな問題が出てきます。

例えば、仕入れたけれどもなかなか売れない商品が出てきたり、古物市場で山（＝山とは1つひとつではなく多くの商品がまとめ売りされていること）で買った商品の中に、

自分で売るのが得意ではない分野の商品が入っていて、どう販売していいかわからない商品などが出てきます。**こうした商品こそ、古物市場に出品して販売していくといいとおもいます**。

オンライン古物市場でも、まとめて売ることができるところもあります。

実際、古物市場で売る際にも、売り方の工夫が必要となります。

例えば、カメラ機器ならカメラに関連する**周辺機器を一緒に売る**、またブランドバッグであれば**ブランドバッグだけのジャンルを**。**一緒に集めて売らないと高く売れません**。

このように、一点一点バラバラに売ると販売価格が低くて利益率が悪いと思われる場合でも、**数点をまとめて販売すると高く売れる場合がある**のです。

## 4 うまく売るポイントを徐々に身につけながら自分に向いている販売ジャンルを選んでいこう

何を売ったらいいかわからないという人が結構います。

これは当然のことなので、あまり心配しなくていいです。色々なものを販売していくことで、徐々に自分の好きなジャンルが見つかります。

販売するにも段階がありますので、最初のステップとしは、メルカリ・ヤフオクをはじめていく際に、家にある不要品を出品することをお勧めしています。

いきなり仕入れをして販売してもうまく売れないことが多いです。うまく売れないのは、出品のポイントを押さえていないためです。

例えば、写真の撮影の仕方・タイトルの付け方・説明文の書き方をちょっと変えるだけで、すぐ売れたり・高く売れたりするということを実際に経験していけば、売るポイントはわかるようになります。

実際、購入するお客さんの側に身を置いて考えてみれば理解できるとおもいます。商品を選ぶ決め手となる、タイトルや説明文がうまく書けていないと、商品の魅力がうまく伝わらないのですから、購入するほうも不安になり、購入ボタンまでたどりつきません。

また、ブランド品が売れると聞いてはじめてみたけれど、仕入価格が上がり、高すぎて購入することができなかった。購入はできたけれども、メルカリ・ヤフオクに出品しようとしたところ、メルカリ・ヤフオクの出品の相場のほうが、購入した金額よりも安くて、購入した金額で出品しても売れないという話もよく聞きます。

これは、ブランド品に限ったことではありません。カメラ・パソコン・骨董品なども同じことです。こうした問題をクリアするためには、経験を積んで商品選びの「目利き」になることで解決できるようになるでしょう。

## 5 経験を積めばあなたも目利きになれる!!

古物商の目利きとは相場観です。このカメラならメルカリで1万円で売れる、このヴィトンのバッグなら5万円で売れるとわかる、ということです。

なぜわかるかと言うと、一度自分でメルカリ、ヤフオク、古物市場で販売した経験がある商品だからです。

自分で一度売ったことがある商品であれば、どのくらいで買って、どのくらいで売ればいくらの利益が出るかがわかります。

例えば、カメラを売る場合、1万円で売れることがわかっていれば、5000円で買えれば、5000円の利益が出るということになります。

ヴィトンのバッグも、5万円で売れるということがわかって入れば、4万円まで競り落とせば、1万円の利益が出るということが経験からわかるのです。

はじめは何が高く売れるのか、何をいくらで仕入れればよいのかがわからなくて当然です。

慣れないうちは、古物市場に行っても、その相場が高いのか、安いのかもわからず、何も買えないことがほとんどだとおもいます。


**そこで必要になってくるのが、小さな経験の積み重ねなのです。**


例えば、古物市場で誰も入札しないものを買ってみる、これができるかできないかで、だいぶ変わってきます。

せっかく時間を使って行っているのですから、何か買ってみることが大事です。

また、競りで高くなった商品をメモしておいて、競りが終了した後に、メルカリやヤフオクの落札相場を調べてみる、といったことを実践していくことも重要です。

経験が大切だということはどの業界でも同じだと思います。

古物商は仕入れに失敗した商品でも、販売して売ることができるという点が良いところでもあります。したがって仕入れたものが0円になるなんてことは、まずありません。

そう、ネット古物商に一番必要な物は『経験』です！　まずは小さなことの実践あるのみです。

## ◎経験を増やすには「場数を踏む」ことが近道

経験を増やすにはどうしたら良いか？

経験を増やすには　数稽古と言われているように質より量をこなすと、どんどん良くなります。

仕入れをする際は　値が張るものは、はじめはなかなか購入することができません。フリーマーケットに仕入れに行っても、古物市場に仕入れに行っても何も買うことができずに、帰ってくることもあるかもしれません。

初回は、それでも十分ですが、２回目以降は、行動したのであれば、自分の人件費ぐらいは稼ごうという気持ちで、誰も買っていないものを購入してみるのも、経験を積むということでは重要なことです。

私もそういう経験を積み重ねるなかで、試しに買ってみた商品の中に化ける商品が入っていた、ということが何度もありました。

**これは、ネット販売でも同じで、**

- **写真の撮影の仕方**
- **説明文の書き方**
- **梱包の仕方**
- **お客様への対応の仕方**

**また、一番重要な、**

- **購入の仕方**

**も数をこなすことでどんどん質が良くなってくるのです。**

古物市場に行って仕入れをしても、すぐにはうまく行かない場合もあります。はじめの頃は目利きではないので、失敗をしてしまうため、購入した商品が高く売れないときや、購入した商品が壊れていて使い物にならないときもあります。また、偽物だったということもあるでしょう。

この失敗の経験が、次回購入するときに役立ってくるのです。

## なぜ壊れているものを購入してしまったのか？

**それは、市場で商品を良く観見ないで、外見が綺麗だったので確認せずに買ってしまったからだ。**

**これからは、失敗しないために動作確認ができないものを、高く買うのはやめよう。**

**偽物か本物かわかるように、真贋研修を受けるようにしよう。**

このように、失敗の経験は、どんどん次の仕入れに活かされるように働いていきます。

何度も繰り返しますが、**経験が目利きへの近道**なのです。

# 6 はじめは相性の良い古物市場＝ホームグランドを作ろう！

オンライン古物市場でもリアル古物市場でも相性というものがあります。自分の好きな商品が良く出る市場、さらに自分が考える適正価格で購入することができる市場は相性が良いといえるでしょう。

自分のホームグランドの古物市場ができれば、購入しに行ったときに良い仕入れが自然とできるようになります。

はじめは誰ともしゃべることもなく終わってしまいますが、何度か行っているうちに顔見知りの人もできて、声をかけてくれたりします。

数回行っていると、「他の○○市場はカメラが結構出るよ」と教えてくれたり、「今度行く際に、日程が合えば紹介するよ」など、情報交換をすることもできるようになります。

# 7 古物市場の用語・基礎のキソ

古物市場を活用することで、古物商の売り上げは加速して増えていきます。

古物市場の特徴としては、道具市場、ブランド市場、書籍市場、着物市場、骨董市場などといったように、ジャンル別に取り扱う市場が多いということがいえます。

そして、古物市場により多少ルールが違ったりします。

最近は、ユーチューブなどのＳＮＳで市場の競りの様子を見ることができたりします。ぜひ情報収集に活用してみてください。

古物市場で用いる専門用語も各地域により違ったりしますので、実際に参加してみて使いこなせるようにしてください。

もちろん、最近では、専門用語や独特の符丁を使わなくても、買うことはできますが、覚えておくことも重要です。符丁を覚えることで、自分が買いたいと思っている価格もわかるようになります。

それでも初心者のうちはわからないことだらけで、買うにもなかなか声を出す勇気が出てこないことがよくあります。

しかし、重要なことは「声を出してみる」ということです。声を出して買ってみる、ということです。そのためにも、古物市場に参加する場数を踏んで度胸をつけていくことです。


**【例、古物市場の用語】**

・山（やま）…商品一つではなくまとめ売りをしていること。

・あご…それ以下で売りたくない値段のことです。
（使い方例）

競りで、８０００円で声が止まってしまった場合、一番高く声を出した人に対して、市場競り人が次のように用います。

市場競り人 ⬇ あごが1万円なんだけど？（1万円で）買う？

・ペロ…「全部」という意味の競り用語です。

（使い方例）

市場競り人 ⬇ 同じのあと5個あるけどペロする（=全部買う）？

**参考**

道具古物市場に商品を売りに行ってきました。
競りの声が聞こえます。雰囲気だけでも味わってくださいね。

HTTPS://WWW.YOUTUBE.COM/SHORTS/CIEHDQ0SRVG

# 8 本当に役立つ無料アプリを使おう

## ◎グーグルレンズを使ってみよう

グーグルレンズは、買取の際、古物市場などで何かわからないときに、スマホで写真を撮ると、その商品に関する情報が得られるというアプリケーションです。

商品が何かわからない場合に、スマホで撮影をしたものを、グーグルレンズを使うと商品の名前や、機種用途を探し出してくれ、さらにメルカリ・ヤフオクなどの販売ページのリンクまでが掲載されることがあります。これによって、いくらで購入すればよいかの判断をすることができます

詳しい使い方は、私の動画をご覧ください。

https://youtu.be/b69e9IhETLk

# 9 まだ慣れないうちは古物市場でどんな商品を購入したらいいのか

よく、「古物市場に初めていったときにはなにも買うことができなかった」ということを聞きます。

**◎自分の知らないジャンルの商品でも、調べて工夫して売る経験をすることで知識は急激に増えていく**

そんな場合は、「山」で売っているものを狙う、あるいは、誰も買ってみようという声を出さないものを安く買ってみるといいでしょう。それが〝大化け〟する可能性もあるからです。

山で買った商品が仮に自分が知らない分野であっても、購入したことで、販売する際に「どう売ったらいいのか」について、自分で調べて、考えて売ることになります。

例えば、

・いくらで売れているのか

・人気の商品＝よく売れている商品なのか（販売数は多いのか）

ということは最低限、誰でも自分で調べることになるとおもいます。こうした売るための事前調査をすることで、知識はどんどん増えていきます。

## ◎仮にジャンク品であっても好きな商品であれば、修理して売るなど、いくらでも「ゼロから1を生み出す」ことはできる

また好きなジャンルの商品だと、出品されたジャンク品でも「売れるもの」を生み出すことができます。好きな商品であるため、商品についても詳しく、動作確認なども苦にならず、ジャンク品から部品をとり出し、修理をしてパソコンなどの精密機器を販売している方もいます。

また、売れる商品であれば、自身も積極的に調べるようになるので、商品に詳しくなってくるし、好きになってくるものです。

私自身は、副業を始めるまではブランド品などは、まったくといっていいほど知りませんでした。

ブランド品は女性・男性に限らず人気があることは、リサイクル販売のお店を経営す

るようになってはじめて、こんなにも人を魅了するものなのだと実感しています。

好きなジャンルのジャンク品をまとめて購入して修理などをして売る。これも一つの手ですが、修理する技術が必要です。ただ、そういう技術がないと商売できないかというとそんなこともありません。

今、ネットの販売チャンネルはたくさんあります。メルカリ・ヤフオク・ラクマ・バイマ・ジモティ・仕入れサイト……。数えればきりがありません。それらのサイトの特色を捉えて、売り分け、メルカリやヤフオク、イーベイなどに販売することで高値になることもあるのです。

# 10 古物商で売れる「人気商品」の特徴と売るポイント

古物商として販売ジャンルを選定する際、2章の古物商で扱える13のジャンルの品目も参考にしつつ、以下のポイントを考慮することが重要です。

## ◎ブランド品の特徴と扱い方の注意点

まず、人気ブランド品の特徴としては、比較的安定した需要があるということです。そのため、市場価値が保たれやすい傾向があります。

また、人気の高いブランド品は、比較的、高値で売れる可能性が高いということもいえます。高い利益率を期待できる反面、入手コストも高くなるという点に注意が必要です。

ブランド品の市場価値や偽物の見分け方などの知識が必要なため、真贋研修などを受けることも考えるといいでしょう。

## ◎カメラは次々に新製品が出るため、安定した需要がある

カメラや撮影機器に対する需要は、常に新しいモデルや機能が出るため安定しています。

一方で、カメラを売るためには専門知識が求められるため、市場を理解し、トレンドを把握する必要があります。

一部の高価値なカメラやレンズは、高い利益率を期待できますが、市場価値の変動も大きいという点に注意が必要です。

## ◎嗜好品のコレクションは幅広い需要があるのが特徴

ゲーム、トレーディングカード、レコード、本等のコレクションは、幅広いジャンルやニッチな分野まで取り扱うことができるため、需要の幅が広いです。

特に、限定版の希少性のある商品は、高い価値を持ち、それに応じた利益率を期待できます。

収集家や愛好家が多く、そうした特定の層をターゲットにできる点が魅力です。

## ◎売りたい商品を選ぶに際してどのような選択基準が必要か

**・ポイント1　自身の興味関心のある商品を選ぶ**

販売する商品に興味や知識を持っていることは、ビジネスの楽しさや成功につながる要素です。

**・ポイント2　市場の動向を見極める目を養う**

選んだジャンルの市場動向やトレンドを理解することで、需要と供給のバランスを保ちやすくなります。

**・ポイント3　競争の有無を調べて、差別化を打ち出す**

選んだジャンルにおける競合他社の数や戦略を把握し、差別化ポイントを見出すことが重要です。

# 第5章

# 古物商でよくある質問Q&A講座

# Q1 ネット古物商を始めるときに必要なものは？

**【Q1】**
**ネット古物商を始める際に、必要なものはなんですか。**

**【A】**

当社が定期的に開催する「古物商開業講座」のセミナーなどで、ネット古物商を始めるうえで、必要なものはなんですか、という質問をよく受けます。

では、実際ネット古物商を始める際に必要なものはというと、実にシンプルで、古物商の免許、パソコン、スマホ、これだけです。

最低限この3つさえあれば、だれでも始められます。

もう一つありました。

それは、**行動力**です。

# Q2 副業と本業では仕入れ金額が違ってくる？

【Q2】

**副業でやる場合と独立して本業でやる場合で、仕入れ金額はどのくらい違ってきますか。**

【A】

仕入れる量は、商売の規模や目的によっても違ってきます。

たとえば、副業でするのか、本業としてやるのかによって、仕入れに対する取り組みは違ってくるでしょう。

まず、副業でやる場合。

副業でネット古物商を始める場合、自宅で作業をおこない、買取もしないのであれば、本当にすぐにでも始めることができるので、仕入れの金額だけがあれば大丈夫です。

具体的な金額は、扱う商品によって左右されますが、10万円もあれば十分仕入れはできるとおもいます。

始めたばかりの頃は古物市場に行っても、余程のことがない限り10万円以上買われる方は稀だと思います。なぜなら、仕入れた物がいくらくらいで売れるのかについて、あまり経験がないので、おっかなびっくり購入することになるからです。

私が初めて古物市場に行ったときに購入した商品の総額は、1万円にも満たなかったものです。それでも、とても満足のいく仕入れをした、と興奮したことを今でも鮮明に覚えています。

私は、ネット古物商から始めて、いまは店舗を構えてのリサイクルショップを出店していますが、店舗を出す以前の仕入れで多かったのは、10万円以内の仕入れでです。

たまに勇気を振り絞って10万円を超える買い物をすると、「今日は頑張って仕入れをしたなぁ、すぐに出品して現金にするぞ」と気合が入ったものです。

すでに副業等である程度の経験がある方の場合は、

**【①仕入れる　➡　②売る➡　③売上げを得る】**

のサイクルを回していけるだけの経験があるので、あまり運転資金の心配はないでしょう。

しかし、あまり経験のない場合は、収入が安定するまでに多少の時間が必要となります。最悪の状態を考え、もしものときに備えて、1年くらいの生活費を蓄えておけば、余計な心配がなくなり、その分仕入れなどにゆとりをもって臨めると思います。

私自身も開業したての頃は、それほど貯蓄はありませんでしたが、仮に個人事業主としてやる場合でしたら、一般論ですが、300万円ほどはあったほうがより安心して事業に専念できるとおもいます。

ネット古物商もお金が大事です。特に独立を視野に入れるのであれば、少しでも多くの資金があるほうが有利なのは明白です。独立するための資金集めがこれからの方は、まずは〝副業ネット古物商〟として資金を貯めていくというのも賢い選択です。

# Q3 仕入れにはクルマが必要？

【Q3】
**古物市場にはクルマで行ったほうがいいですか。荷物の発送はしてくれるの。**

【A】
私が商売を始めた当時は、古物市場への仕入れには、軽のワゴン車で行っていました。

クルマの後部座席を倒し、荷物でパンパンになるくらい商品を買い付けていました。

ネット古物商になりたての頃は、ひとつの商品にしぼらずに、とにかく色々な物を購入しました。

電動工具、楽器、電化製品、服、雑貨などなんでもありです。専門商品という物はなく、手当たり次第買っていました。軽のワゴンには、小型冷蔵庫や大型アンプなど大きな商品も押し込み、その隙間に服や雑貨を詰め込めるだけ詰め込んでいました。

古物市場に仕入れに行く際は、たくさんの商品を仕入れることになるので、クルマがあったほうが便利だとは思いますが、クルマがなくても、古物市場から段ボール箱に詰めて発送してくれるところもあります。

クルマがない方は、あなたが行こうと思っている市場は、発送もやってくれるかどうか、事前に調べておくといいと思います。

(下のQRコードからYoutubuを見てください。フリマに参加した際に乗っていったクルマが映っています。これは、私が古物商をはじめたときに購入したクルマです。現在も出張買取・フリマに行くときに活躍しています)

https://www.youtube.com/shorts/0nXhn8dQFgk

## Q4 独立する際の売上の目安は？

**【Q4】**
**ネット古物商で独立してやっていくには、どのくらいの売上げが必要ですか。**

**【A】**

副業であれば月の売上げはあまり気にしなくても済みます。しかし、独立してネット古物商を生業にするには、いくらくらいの売上げが必要になるのでしょうか？

仕入れも大切ですが、それ以上に売上げはとても大事になります。

独立する前の収入が基準であれば、独立する前の給与総額の2倍から3倍の売上げが必要になります。売上げはもちろん利益ではないので、3倍の売上げがそのまま収入になるわけではありません。

売上げから、「仕入れの費用」「経費」を引いて利益が出ます。

■利益 ＝ 売上げ －（仕入れ ＋ 経費）

私が古物商として独立したときは、売上げが月に50万円から200万円くらいの間でした。

それまでは、給与があったので、会社員時代と比べると、正直楽ではありませんでした。仕入れも毎月順調にいくわけでありませんし、仕入れをしない日は朝から晩まで出品をしていました。

出品の他にも、落札された商品を、梱包して、発送し、お客様に発送連絡をしなければいけません。でも、気持ちはとても充実はしていました。ネット古物商として独立し、生活できることにより自信もつき、夢として掲げた目標が少しずつ大きくなって行きました。

私の場合は独立したときは結婚一年目、妻のお腹には長男がいました。結婚されている方は当たり前ですが、独立起業するとなったら、配偶者の方の了解、理解、協力がなければ絶対にうまくいきません。

独立する際には、**夫婦で、双方納得ができるまで話し合いをしてから**にしましょう。

自宅で開業する場合は、生活の拠点とネット古物商の仕事の拠点が同じになります。

当然、家の中は仕入れた商品で一杯になります。

その上、何より生活がかかっているので、古物商として得る収入のことで頭が一杯になります。

自然と家での会話も、仕事のことが中心になりました。

私の場合は、撮影や商品説明などを妻に手伝ってもらいました。

独立された方は、できれば仕入れなども夫婦で一緒に行くと良いと思います。

夫婦でも、視点も考え方も違うので、購入するものも違いますし、単純に1人より2人の目で確認したほうが、利益が出る商品を仕入れる確率も高まると思います（実際、利益が出る商品を仕入れることができました）。

**副業でも、本業でも売上げ目標を立てることにより、より商売に対して本気になり、どうやって目標をクリアしたらいいかを考えるので、充実したネット古物商に**

**なれると思います。**

**◎なぜネット古物商になりたいのか？　目的は何か？**

**◎それによりいくら売り上げれば生活ができるのか？**

ここを明確にして、目標をきちんと立てれば仕事に対する覚悟は決まってくると思います。

私も独立するときに言われましたが、古物商として生活するのは難しい、生活できるほど甘くはないと言われましたが、おかげさまでなんとかネット古物商から始めて10年以上続き、今年17年目を迎えることができました。

さあ、次はあなたの番です。

## Q5 古物市場での仕入れは現金のみ?

**【Q5】**

**古物市場の仕入れは現金決済のみでしょうか。購入したものはその日に持ち帰りが必須でしょうか。**

**【A】**

基本は現金決済です。

信用ができれば後払いOKのところもあります。持ち帰りも基本はその日のうちに持ち帰りです。

商品などにもよりますが、ブランド品、雑貨などを扱っている市場では宅配で送ってくれる所もあります。

# Q6 古物市場の登録はすぐできるの？

**【Q6】**

**古物商の許可を取得したら、早速古物市場に買い付けに行きたいのですが、古物市場の登録ってすぐ終わるものですか。**

**【A】**

古物市場は行きたい日に、古物商の免許があれば大丈夫です。

事前に古物市場に電話して、登録料と持参するものを確認して、参加したいと電話しておけばスムーズに参加できます。

また、古物市場には紹介がないと入れない市場などもあります。紹介が必要な場合は、当社でも紹介できる市場もありますので、当方をご利用いただいてもOKです。

# Q7 取り扱い品目の追加申請はどうするの？

**【Q7】**

**古物商の許可証の受け渡しの際に、「品目を追加する場合は、必ず追加申請をしてください」と念押しされました。**

**追加申請のときに、どのように指定すればいいのか教えていただいてもいいでしょうか。**

**【A】**

今後取り扱う予定の品目は追加しておきましょう。

私も宝石貴金属を申請したときに、警察の方から、「買取できる？」と聞かれましたが、その際は、「宝石鑑定の研修などを受け、勉強をするので……」と答えました。

また、後日申請することもできます。

取り扱い品目は、買取をするのであれば、バイク、クルマ以外は、すべての品目を取り扱う物としたほうが良いでしょう。

なぜなら、お客様にとっては、不用な物はすべて買取してもらえば助かるので、すべての品目を取り扱っていれば、お客様から仕事をいただくことができるからです。

Q 8

# 古物市場の探し方はどうするの？

**【Q8】**

**総合系の古物市場の探し方を教えていただけないでしょうか。アパレル、ブランド、骨董、機会工具は見るのですが。**

**【A】**

第4章でも述べましたが、古物市場はネットで検索してみてください。また、「リサイクル通信」を購読するというのもひとつの方法です。また、現在はオンライン古物市場も増えていますので、こちらもネットで検索してみてください。その際、どのような商材が出品されているのか、問い合わせてみましょう。

# Q9 初心者が古物市場に行った際になにをすべきか？

**【Q9】**

**古物商で、独立したての女性でも行きやすい古物市場はありますか。初心者が1人で行ったときは何をやるべきでしょうか。また、何を見るべきでしょうか。商品の相場、真贋などがわからないと、やはり古物市場で仕入れるのは難しいものなのでしょうか。**

**【A】**

女性1人で参加されている方もたくさんいます。心配ありません。

商品の相場は、もちろん、わかっていたほうが良いですね。

一番大切なのは経験です。今まで自分でどのくらいの商品を売っているかです。自分の売った商品が多ければ多いほど、今買えばいくら利益が出るか大体わかります。

真贋ももちろんできたほうが良いですね。

市場でも偽物はまだ出回っています。

ただ市場主も信用第一なので、金額が高い物は、ほとんど偽物はないと思います。

何を見たら良いかについては、「他の方がどのような商品を、いくらくらいで購入しているか」を見たらいいと思います。

何をするべきかについては、市場には休憩コーナーなどもありますので、女性1人で来ている人がいたら、「こちらから声をかけて話をしてみる」、「市場主に話ができたら教えていただく」など、積極的にしていくと良いと思います。

古物市場は、購入する場所であり、また大切な情報交換ができる場所でもあります。

古物商の仲間ができる場所としても、とても良い場所になります。積極的にチャンスを活かしていきたいものです。

## Q10 フランチャイズに加盟する際の注意点は？

**【Q10】**

**将来、古物市場に商品を出品し、売り上げを作りたいと考えています。そのためには安い買取品を在庫しなくてはなりません。一番安い仕入れをするためにはお店を持つのが良いと思っています。**

**ただ、自分ではできないので大手のフランチャイズなどから店舗を出したほうがよいのでしょうか。**

**【A】**

フランチャイズは素晴らしいシステムだと思います。

ただ、これは良く聞くことですが、フランチャイズに加盟したからといってすべて安心というわけではありません。

良いシステムを利用できるのは素晴らしいことですが、それに甘えて、本部任せの方は上手くいかないそうです。

また、古物商のフランチャイズも今は多くありますので、比較検討する場合は、1社だけでなく数社を比べてみるのが良いと思います。

どういう仕組みで、どれくらい儲かるビジネスモデルと実績があるのかといった、ビジネスの仕組みはもちろんのことですが、加盟金、毎月のフランチャイズ料金、売り上げに対しての手数料、研修などはどれくらいあるか、といったところがお金のかかるところでありチェックポイントでもあります。

良いフランチャイズがある一方で、悪い噂があるフランチャイズもあります。

当社でもリサイクル販売の講座・研修をしていますが、そこではフランチャイズの仕組みについても解説しています。

# Q11 古物市場の商品は全部「本物」？

【Q11】

**古物市場に出回る商品は全部「本物」と考えてよろしいでしょうか。**
**また、購入した物が壊れていた場合は返却できるのでしょうか。**

【A】

基本的には本物だけのはずですが、古物市場によっては偽物が混入することもあります。

たとえば、プロの方が使っている古物市場用語で「山」と呼ばれる（一つずつではない商品）、まとめてダンボールなどに入っているものなどは、一つずつ検品ができないので、偽物が混じっていることもあります。

購入した物が壊れていた場合ですが、家電製品などは、市場により「保障品」、あるいは「保障なし」として競りにかける商品もあります。

その場合、購入した後で動作しないなどの不具合があった場合、「購入日から○日以内」といった、日数の決まりはありますが、返却できる古物市場もあります。

# Q12 初めて古物市場に行く際、いくらくらい用意したらいい？

**【Q12】**

**古物市場へはまだ行ったことがないのですが、大量仕入れ、高額仕入れでなくても、行けるものですか。**

**仕入れ金額はいくらくらいを用意したらいいでしょうか。**

**また、オンライン古物市場に登録をしました。落札したブランド品をヤフオクかメルカリ、ラクマに出品して売る予定です。予算は5万円しかありませんが、初心者は状態が良いものを1つだけに絞ったほうがいいでしょうか。それとも状態があまり良くないものを何個か入札したほうがいいでしょうか。**

**【A】**

はい、大量仕入れ・高額仕入れでなくても大丈夫です。

古物市場もはじめは少額から始めたほうが良いです。

市場にもよりますが、５００円で仕入れができる場合もあります。

初めて仕入れをする場合は、１点に絞って綺麗な物を買うより、「山」で買ったほうが利益が取れますので、山で買うことをお勧めします。

メルカリ・ヤフオクの経験が豊富にあれば、また今まで販売したことのある商品や、その商品と類似の商品があれば、大量仕入れもできるでしょうし、高額な商品も買うことができるとおもいます。

持参金は、はじめは５万円もあれば十分だと思います。

# Q13 使用感の全くない商品をメルカリで売る場合、どう表記したらいい？

**【Q13】**

**古物市場で購入した使用感の全く無い商品（主観で未使用と思われる）は、メルカリでは「未使用に近い」と「目立った傷や汚れなし」のどちらにするべきでしょうか。**

**【A】**

全く使用感の感じられないものは検索等を有利にするため「未使用に近い」でいいと思います。

ただ購入者に個人差があるので、説明文には、

「状態は良いですが、あくまで（保管品）中古品ですので、ご理解の上ご購入ください。」と記入しておくと良いでしょう。

# Q14 たくさんある商品をメルカリに出品する際、1つずつ出品するか、まとめて出品するかはどう決める？

**【Q14】**

**古物市場で、テレビリモコン7個、スマホケース12個、iPadカバー17個を500円で仕入れました。**

**メルカリに出品するには、ひとつずつ出品するのがいいのでしょうか。それとも、まとめて出品したほうがいいのでしょうか。**

**【A】**

どちらでも大丈夫です。初めは1つひとつの商品の相場を調べるといいでしょう。そうすることで、例えば、リモコンなどの相場観が身につきます。

また、売れ筋のメーカーがどこなのかもわかるようになるので、販売する前に1つひとつの落札相場を調べてください。その後に手間も考えて、ひとつずつ出品するか、まとめて出品するかを決めたらいいとおもいます。

# Q15 販売する際に、許可や届け出が必要なもの、注意したいものにはなにがある？

**【Q15】**

**古物市場で仕入れた家電の山に血圧計や家庭用マッサージ機があるのですが、これらは管理医療機器で、販売には許可、届け出が必要ということを知りました。これらの許可は容易におりるものでしょうか。**

**【A】**

都道府県により異なるようですが、許可制になっているため申請が必要です。例えば、ネットなどで、「これよさそう」と思い、販売するために買ったものの、法律に違反して販売している場合もあるので注意が必要です。知らなかったでは済まされません。あなたも知らないうちに、法律違反を犯しているかもしれません。どんなことで法律違反になるのかを見ていきましょう。

## 【販売で注意したいもの】

### ◎ハンドメイド・リメイクも注意が必要

このような場合は要注意です。

古物市場の山で購入した中に、ブランド品とキャラクターグッズがちょっとおかしいので、調べてみた結果、偽物だと判明したケースがあったとします。この場合、せっかく仕入れたのだから、安く販売すれば問題ないだろうと、フリマアプリで販売してしまえというのはいけません。偽物と知っていて販売をすると商標法違反になります。金額の問題ではありません。

また、ハンドメイド・リメイク商品で商標法違反をしている商品もあります。有名ブランドのロゴを使用したハンドメイドの服・バッグを、オリジナルハンドメイド品として無断で販売すれば商標法違反になります。

商標法とは、登録された商標を他人が使用するのを禁じる法律で、これを侵害すると商標法違反となり刑事罰が課されます。10年以下の懲役、1000万円以下の罰金、その両方の刑罰が科される可能性もあります。

第6章

# 古物商・リサイクルショップの開業成功マニュアル【実践編】

# 1 古物商をステップアップするなら「委託販売」を考えてみよう！

免許を取得して古物商になると、買取ができるようになります。買取は、お店を持たないとできないと思っている方もいるようなのですが、お店がなくても買取はできます。

私も**自宅で出張買取**をしていました。

買取の進め方ですが、どのような方法で集客をしていけばよいのでしょうか。

はじめは知人などに声をかけて、要らないものはないかなどを聞いていくと良いでしょう。

どのくらいの金額で買取ったらいいかわからないと思いますので、売れた金額の60％をお支払いするなど**委託販売**で受けるといいでしょう。

委託販売とは、お預かりした商品をあなたが代わりに、販売してあげ、その対価として手数料をいただくことです。

委託販売の手数料は、扱う商品などにより異なりますが、販売価格により10％〜50％で変動しているところが多いです。

手数料を決める際には、【委託販売】とネット検索してみて、自分の扱う商品は何％ぐらいが多いのかを調べて、参考にするといいでしょう。

## ◎委託販売のメリット

**・メリット↓売れた後にお金が必要になるので事前にはいらない**

委託販売のメリットは、売れた後に支払いをするので、事前にまとまったお金がいらないということになります。

資金繰り上、有利になります。

**・メリット↓いろんな商品を扱える**

また、自分が扱ったことのない商品や、聞いたこともなかったブランド名などを扱うことができるようになります。

これは、仕入れの知識の幅を広げるためにとても良いことで、古物市場に仕入れに行ったときにも役立ちます。

前にもいいましたが、古物市場に行っても何を買ったら良いかわかないため、何も買えなく帰ってきたという話を聞きます。

これは、ネット販売などの経験が少ない場合はだれでも起こることで、仕入れをして、いくらくらいの利益が出るかがわかるようになれば、どんな商品を購入したらいいかもわかってくるのです。


例えば、あなたが古物商だと仮定して、最近、委託販売で預かったルイ・ヴィトンの財布を3万円で売ったことがあるとします。

仮に、同じ状態の財布が、古物市場で1万円で買うことができるとしたら、あなたは購入しますか?

もし、他の誰も買わないとしたら、躊躇することなくあなたは買うと思います。

なぜなら3万円という高値で売った経験があるからです。

以前と同じ3万円で売れたとしたら、利益は2万円にもなるのですから、迷わず購入するはずです。

## ◎委託販売のデメリット

### ・手数料が儲けになるため、金額が上がらない商品は儲からない

デメリットは、手数料が利益になるので、金額があまり上がらない場合は、手数料が少ないということになります。

そのため、販売金額が1000円、2000円くらいにしかならないと思える商品は、委託販売では受けることはできない、と決まりを作っておくといいでしょう。

No. ＿＿＿＿＿＿

年　月　日

# 買取・委託品預り書　□買取　□委託

買取安心館グループ　〒273-0035
bloom
千葉県船橋市本中山2丁目18-3
TEL：047-335-9898

委託品お預り料　　点×　　円＝　　円　□済　□未　担当：

| | |
|---|---|
| 住所：〒　－ | |
| 氏《フリガナ》名：　様 | 生年月日：昭・平　年　月　日生 |
| 電話：自宅（　）　－　携帯（　）　－ | |
| 身分証明書：運転免許証・健康保険証・住民票・パスポート・他（No.　） | 職業：会社員・公務員・自営業・主婦 学生・パート・アルバイト・その他 |

| 番号 | 品名 | ブランド名（サイズ・色・デザイン等） | 希望販売価格 | 実売価格 | 売却 返却・買取 | 備考 |
|---|---|---|---|---|---|---|
| | | | | | 売却 返却・買取 | |
| | | | | | 売却 返却・買取 | |
| | | | | | 売却 返却・買取 | |
| | | | | | 売却 返却・買取 | |
| | | | | | 売却 返却・買取 | |
| | | | | | 売却 返却・買取 | |
| | | | | | 売却 返却・買取 | |
| | | | | | 売却 返却・買取 | |
| | | | | | 売却 返却・買取 | |
| | | | | | 売却 返却・買取 | |

委託品売上金額　＿＿＿円×＿＿＿%＝＿＿＿円
（　　）＿＿＿円　＿＿＿　＿＿＿円

お支払金額　　年　月　日

円也

上記の金額を受領致しました。　氏名＿＿＿＿＿＿

**ご注意事項**

◎委託品の預り期間は、原則としてお預かり日より1ヵ月間です。◎販売状況によって、当店の判断で販売価格よりお値下げする場合があります。
◎連絡なく3ヶ月を過ぎた委託品については、当店で廃棄処分させて頂きます。◎ご精算におきましても、3ヶ月を過ぎましたらご精算出来ません。
◎お預り後、シミ・汚れ・ほつれ等があり、店頭出しが出来なかった際の委託料の返金はできません。
◎商品をお預りする事により、多少の傷み（汚れ・シワ）等が生ずる場合があります。
◎盗難品・コピー商品と判断した場合は、買取後や精算後におきましても返金して頂きます。◎基本的には、当店の方からのご連絡は致しません。

※ご記入いただいた個人情報は、上記の利用目的のみに使用し、第三者に提供することはございません。

## 委託販売で注意したい点【参考例】

- 基本的には相場価格が5,000円以上のお品物に限り承らせて頂きます。

- 5,000円未満のお品物は委託販売ではなく買取又はお断りさせて頂くこともございます。

- 委託できない商品があった場合は買取か返却、または処分のご選択を頂いております。

- 受付より1か月を超えて引き続き販売をご希望される場合は、再度委託料をお支払いいただきます。

- 委託販売で承れないものも、商品によってはスタッフより買取をご提示させていただく場合があります。

- 販売に至らなかった商品はご返却致します。

- 原則として委託後1か月以上経過した商品は、販売を終了致します。お預り後3か月を過ぎてもお引取りのない商品は、当店にて処分致します。

※リサイクルショップ「ブルーム」ホームページより
https://bloom-itaku.com/consignmentsale/

## リサイクルショップでは衣類中心の販売を展開

**【販売のポイント】**

商品を売る際に気をつける点として、リサイクル品のため、「状態」はとても重要になります。傷、ほつれ、動作確認などを慎重にチェックします。

不具合が見つかり、例えば小さな傷だからといって、ネットに出品する際に傷があることを隠して、出品欄に記載しないと、クレームや悪い評価を受けることもあります。正直に記載しましょう。

## 2 販売に慣れてくると得意のジャンルで「専門店化」が図れる！

販売も慣れてきたら、自分に合うものを、仕入れることができれば、販売していて楽しいなど、得意のジャンルができてくると思います。

ジャンルを絞ることで、商品知識も販売スキルも上達し、さらに経験を積むことで、商品に熟知して「○○専門店」として、リアル店舗だけでなく、ネット古物商においても差別化できるようになります。

毎回同じジャンルの物を出品することでそのジャンルを探している方興味を持っている人は次は何を出品されるか？　いち早く知りたいためフォローされます。

さらに専門店にすることで信用性も高くなり、他の出品者よりも値段も高く売ることができます。

撮影する際にも、画角も統一化され、説明文も購入する方が気になる点なども経験上わかっているため、ポイントを押さえたテンプレート化ができ、効率化にもつながります。

## 3 「金（きん）」の買い取りも挑戦してみよう！

今、金の値段が高騰しています。

24金に関しては（２０２４年1月9日現在）１万円を越えています。

２０００年頃の相場が１４００円ですから、20年以上前に比べると約7倍になっています。

テレビ・ラジオのメディア等でも最高値になったと報道され注目を浴びている商品です。

私も古物商になって、買取をはじめた当初は、資金がたくさんないとできないのではと思い込んでしまい、金を取り扱うことができませんでした。

また、金かどうか本物と偽物を見分けるのは、新米古物商では難しいのではないかと思い、金を取り扱うことをしてきませんでした。

そのため、出張買取に行った際に、指輪が出てきても取り扱いがないので、と断っていました。

何度かそのようなことが続いて、せっかく声をかけてくれたのにもったいないとおもうと同時に、お客様のご希望に答えられない自分に歯がゆさも感じていました。

そんなおもいが積み重なった後、思い切って金の真贋研修を受けることにしました。受けてみると、本物と偽物を見分けるポイントを押さえることで、自分でもわかるようになったのです。

なんでもっと早く取り扱わなかったのかと後悔したほどです。

金の取り扱いに臆していた私でも、真贋研修を受けて、金の本物・偽物の見分け方できるようなったのですから、誰でもできるようになると思います。

ぜひ金の真贋研修を受けることをお勧めします。

金の知識を得ることで、古物商の幅も広がってきます。

古物商として買取った金は、相場が決まっているため、業者に持ち込むことですぐに現金化できるというメリットがあります。

## ◎ワンポイントレッスン・金の真贋を見分けるポイント

### ・【ポイント】金の純度を表す刻印

金の「純度」は金の含有率のことで、その製品がどのくらいの割合の金を含んでいるのかを表しています。

多くの金製品は、金だけでできているわけではなく、この刻印によってその純度を確認することができるのです。

よく目にするのは、Ｋ24やＫ18といった刻印で、ご存じの方も多いと思います。

Ｋは Karat（カラット）の略で、純度を表す単位です。

金の純度を24分率で表したもので、「Ｋ24」なら「24金」で、純度１００％の金（純金）であることを示しています。

Ｋ18（18金）なら75％の含有量であることを示しています。

「Ｋ○○」以外にも、「７５０」や「５００」といった3桁の数字が刻印されているものも良く見かけます。これは金の純度を１０００分率で表したもので、７５０は18金、純金は「１０００」と刻印されています。

**・【ポイント】金メッキや金張りを表す刻印**

金メッキされたものにも刻印があります。

それらには、「ＧＰ」「ＧＥＰ」と刻まれています。Gold Plated/ Gold Electro Plated（電気処理された金メッキ）の略で、18金でメッキをしていれば「Ｋ18ＧＰ」というようにあらわされます。

同様に、メッキに比べてより厚く加工され、はがれにくい金張りには、ＧＦ（Gold Filled）と刻まれます。

**・【ポイント】カラーを表す刻印**

先程、金であるかどうかを見分ける方法に色味を挙げましたが、金の中には、いわゆる「金色」でないものもあります。

ホワイトゴールドやピンクゴールドなどと呼ばれるものがそうで、パッと見で判断できないものもあります。

その際に刻印を確認し、金であるかどうかを判断することができます。

例えば、18金ホワイトゴールドの場合は、「K18WG」と刻印があります。

同様に、ピンクゴールドは「PG」、イエローゴールドは「YG」、その他「RG（レッドゴールド）」、「GG（グリーンゴールド）」などの種類があります。

私のユーチューブでも金のポイントについて発信していますので、次頁のQRコードで入っていただいて、動画も参考にしていただければと思います。

知っ得情報

金が本物か偽物か、誰でも簡単に調べる方法を教える、金の真贋研修を当社（プレジャーリンク）でもおこなっています。

HTTPS://YOUTU.BE/XDKQDFOQRHC

# 4 買取にはポータルサイトを活用してみよう

買取のポータルサイトには有料のものと無料のものとがありますが、はじめは無料で掲載できる「ジモティ」などを活用するといいでしょう。

キャッチコピー・説明文などは、既に掲載されている方のものを参考にすると良いでしょう。

いちばん効果的なのは、自分が出張買取をお願いする（お客様の）立場になって、キャッチコピー・説明文を読み返してみることです。

参考までに、私が古物商をはじめてたの頃、買取についてお客様によく聞かれたことを書き出してみます。

**【例・お客様によく聞かれたこと】**

**・「貴金属やバッグの他にも、家具などどんな商品でも買取っていただけるのか」**

**・「古かったり、箱がなかったり、壊れた商品でも買取っていただけるのか」**

**・「買取が成立しなかった場合は、出張料金がかかってしまうのか」**

以上のようなことは、いちばんよく聞かれたことです。

そのため、出張買取のキャッチコピーを書く際には、お客様がいちばん知りたい、

**「出張料金は一切かかりません。」**
**「古くても、箱がなくても、食器は買取致します。」**

といったことなどを文面に入れました。

私が無店舗で古物商をはじめて、出張買取をしていた頃は、お客様から多くの反応をもらえるように、あまりジャンルを絞らずに色々な商品を買取ました。

実際、買取ができないような商品もありますが、その際はきちんと買取ができない理由を伝えれば、お客様も納得していただけます。

## ◎扱ったことのない商品にも挑戦してみよう

買取の際、「これもついでに買取ってもらえないか」などといわれて、今まで扱ったことのない商品が出てくることがよくあります。

その場合、扱ったことがないからという理由だけで、断わってしまうのはもったいないことです。

その商品がもしかしたら、価値のある商品かもしれません。

前に紹介した、今は便利な「グーグルレンズ」のような、写真検索を使うことで、どのような商品で、販売している金額までわかることがあります。

便利なアプリがあれば貪欲に使って、どんどん新しい商品の買取&販売にチャレンジしていただきたいとおもいます。

## ◎安心して買ってもらえるキャッチコピーを作ろう

また、「押し買い」といわれる、悪質な出張買取業者も私の地域にも回ってきているので、**安心して買取をしてもらえるような、キャッチコピーを書く**といいでしょう。

有料になりますが、買取をしたいお客様を紹介してくれるサイトもあります。どこのサイトが良いかなどは買取商材により変わってきます。

## 5 フリーマーケットで販売する際の注意点

私の場合、独立起業してまだお店がないときは、毎週フリーマーケットに売りに行っていました。

起業する前はネットで販売する商品を購入しに行っていましたが、起業してからは、フリーマーケットで販売することで売り上げを立てるようにしたのです。

フリーマーケットで売っていたのは、ネット販売でなかなか売れない商品や売るのに手間がかかる商品です。

フリーマーケットでは、商品を購入する方から**「値引きして」とお願いされるのが当たり前だと思ってください。**根付けの際には、**売りたいとおもっている金額より少し高めにしてください。**

フリーマーケットには、一般の方からお店で販売する方、ネットで販売する方まで様々な目的の方が来ます。

買った商品を「売る目的」で来ている方は、仕入れに来ているので、売って利益が出る金額でないと購入しません。

この場合も商売の鉄則である「安く仕入れて、高く売る」が当てはまりますので、買いたくなる値付けで売ることが重要です。

こうした値付けも何回かフリーマーケットに通って、経験を積んでいくうちに慣れてきます。

フリーマーケットで商品を売る人の特徴としていえることは、在庫を持ち返りたくないため、商品を早く売りたいと考えて来ている方も多くいるということです。

早く売りたいので、必然的に値付けは安くなります。価格競争も激しいため、安くないとなかなか売れないという事情もあります。

商品を売りに行く際は、大きな会場のフリーマーケットに売りに行くといいでしょう。

会場を探す際は、検索でフリーマーケットと検索すると出てくる、全国の開催会場をまとめてあるポータルサイトをみると良いでしょう。

**参考**

東京都にある大規模なフリーマーケット『大井競馬場TOKYO CITY FLEA MARKET』に売りに行った際の動画です。海外の方も購入しに来ます。

HTTPS://WWW.YOUTUBE.COM/SHORTS/CD4QLTNDIYI

# 6 チラシを作って自分でポスティングをしよう

**◎チラシ作成**

チラシ作成も現在はだいぶ安くできるようになりました。

プリントパック・ラスクルなどのネット注文ができるところであれば、Ａ４サイズ両面カラー１万部が２万円前後で印刷できます。

テンプレートなども用意されているので、パソコンを使える方なら自分で作成することもできます。

デザインができない、苦手だという方は、ココナラ・クラウドワークスなどのフリーランスにお願いすることもできます。こちらも１万円～５万円くらいで作成することができます。

**配布は自分でポスティング**をすれば無料でできます。

## ◎チラシづくりのコツは「安心できる店」をアピールすること

チラシづくりのポイントとしては、自分が買取をしてもらう際に、

- **どんなところにお願いするか**
- **安心して買取をしてもらえるか**
- **店員さんは気軽に話しかけやすいか**

という点についてよく考えてみることが重要です。

お店を持つ前の、出張買取をする方向けのポイントです。

例えば、買取する際に、不安にならないようにする工夫としては、チラシに**自分の顔写真**を入れてください。どんな人が出張買取に来るのかが写真でわかれば、安心してお願いすることができます。

また、チラシには、どんな商品を買取したいのかが一発でわかるように、**具体的な商品の写真を入れる**と、イメージがわきやすくなります。

私の経験上、実際にチラシに掲載した商品と同じものが、買取できることがよくあります。

大手のリサイクル店が、毎週のように折り込みチラシを入れているため、ブランド品や貴金属を掲載してもなかなか難しいと思います。

157ページのチラシは実際、私のリサイクルショップで作ったチラシです。

チラシに掲載した写真にあるような、**「和食器」や「使わなくなった教材・絵本・書籍」のような家にありそうなものを掲載してみましょう。**

また、問い合わせが入った際に、「自分がわからない商品だから」、「自分が扱ったことがない商品だから」という理由で断わってしまっては、リピートにつながらなくなってしまいます。

断わったことで、お客様は他の買取業者に見積もりをお願いしたり、他のリサイクルショップに持ち込んだりしてしまいます。

そうなったら、あなたとの関係はそこで終わってしまいます。これはたいへんもったいないことです。

## 買取も一番大事なのはリピートです!

お客様に、買取依頼されたら、**できるだけわからない商品であっても、「調べる」ことです。**

例えば、知り合いの古物商で扱っている人がいないか、頭をフル回転させて買取をします。

**これが古物商にとって、一番大事なのです。**

なぜならば、**次につながるから**です。

自分が取り扱ったことがない商品であったり、自分の得意分野でなく販売先がまったく見当がつからないときは、先に紹介したグーグルレンズを使うと良いでしょう。

写真を撮影して、画像検索をすると、商品名、販売元、中古で販売されている金額まで出てくるときもあります。なにかヒントが見つかるかもしれません。古物商では、**「なんとかする」ためには、諦めないで知恵を振り絞ることが大切です。**

## チラシには具体的な商品の写真を入れるとイメージしやすい

【ポイント】チラシには自分の顔写真を入れよう。お客様が安心して依頼してくれるようにするためには、どんな人が出張買取に来るのかが一発でわかるようにする必要があります。

# 7 リサイクルショップ開業に際して、店舗はいる？　いらない？

## ◎店舗開業にいくらかかる？　店舗を出すメリット・デメリットは？

### ・いちばんのメリットは信用を得られること

**お店を出すメリットとしては、信用を得られるということです。**

私の場合、古物商をはじめて3年間は自宅を事務所として出張買取もしていたので、お店を出したときは、不安と期待不安がいりまじっていました。

「家賃は毎月払えるのか」

「チェーン店でもなく、名も知らない小さな自分のお店を選んでくれるのか」

ということばかり心配していました。1人目のお客さんが来店してくれるまでは、期待よりも不安のほうが大きかったのを覚えています。

ですから、最初のお客様に商品を購入していただいたときには、とても嬉しかったのを今でも鮮明に覚えています。

その数日後に、再度、1人目のお客様が買取商品を持ってきてくださったときには、とても感動しました。

### ・実店舗を構えると費用が発生する

実店舗を構えた場合のデメリットとしては、毎月の家賃の他に内装費・設備代金など費用がかかるということです。

店舗を借りる際には、居抜き物件を借りることをお勧めします。

居抜き物件は、前借りていた方が使っていた店舗を、そのままの状態で引き継ぐことができるので、内装・設備をそのまま利用できます。そのため、初期費用を抑えることができます。

私は店舗を借りる際は、いつも居抜きの状態の店舗を借りています。

借りる際には、家賃とは別に保証金または敷金と前家賃を用意しなければなりません。

私の現在のお店は、初期費用としておよそ200万円くらいかかっています。もし、これが居抜きでない場合は、さらに内装費・設備（エアコン・電気工事・水道工事など）がかかりますので、初期費用にプラス50万円から200万円くらいかかったとおもわれます。

備品としてはレジ・ショーケース・パソコン・パソコン台・コピー機・電話・商品を保管する棚などで50万円くらいかかりました。

パソコンプリンターなどは新品で買いましたが、ショーケース・パソコン台・棚などは、古物市場やリサイクルショップで手に入れることで、コストを節約しました。

# 8 地域密着商売であるリサイクルショップにとって「看板」は非常に大切

### ◎看板は夜も目立ち宣伝効果のある〝電飾〟がおすすめ

現在のお店で一番お金がかかったのが看板です。60万円かかりました。

店舗の看板は、地域の方に、お店を知ってもらうための「広告効果」も兼ねているため、非常に重要です。お店がオープンする前の宣伝にもなります。

当店をご利用いただいたきっかけを、お客様にうかがうと、いつも通る道で、営業時間後もひと晩中照明で看板を照らしているため、どんなお店かはよく知っていたのでお店を利用した、という言葉をよくいただきます。

当店の看板にも大きく掲げている、

## 昼のお店の外観

昼

**【看板作りのポイント１】**
看板を設置する際には、相見積もりをすることで、デザインやキャッチコピーなどいろいろな提案を受けることができます。これはお金には代えられないメリットとなり、たいへん役立ちました。また、看板屋さんに依頼する際には、リサイクルショップ・買取店を担当したことがあるかどうかもポイントとなるので、確認するとよいでしょう。

**夜も一晩中お店をアピールする最強の広告塔になる**

夜

**【看板作りのポイント2】**

看板は、初期費用は掛かりますが、長い目でみればとても安い広告費になります。仮に10年同じ看板を使うと、100万円掛かっても1年10万円で、月額で計算すると約8.3万円になります。

**「お売りください」**

という文言はリサイクルショップなどでは、良く見る言葉だと思います。この言葉で、不用品などを売る場所ということがシンプルに、確実に伝わります。

看板代金が60万円もかかったのは、リサイクルショップや買取店と数多く関わっている、専門の看板屋さんにお願いをしたからです。

安く抑えようと思えば、半分ぐらいの価格でもできました。実際、相見積もりをしたところでは、実際30万円以内でもできたのです。

60万円の看板に決めたのは、デザイン以外にも理由がありました。

それは、ＬＥＤ照明を取り入れれば、お店の営業が終わってからも、**夜暗くなったときに、看板がより目立ち、宣伝効果があるとの提案をいただいたことが決め手になりました。**

実際に新しい看板を見て、ご来店いただくお客様は多くいらっしゃいましたので、初期費用は多少高くなりましたが、専門の看板屋さんに色々いただいた、プロの提案を受け入れて良かったとおもいます。

重要なことは、金額だけで決めないということです。高くても、商売にとって大きな効果があることが納得できれば、おもいきって決めることも大事なのだと実感しました。

9

# 良い店舗物件を探すにはどのようにしたらいいのか？

　自分が出したい地域・場所が決まったら、まずは自分の足で地域を実際に歩いてみることで、雰囲気や人の流れを確認することができます。

　私も店舗を決める際は、必ず平日と土日は、朝・昼・夜と、出店したい地域のリサーチをしました。

　その地域の飲食店に入って、地元で店舗経営をしている方に話を聞いたりすると良いです。

　不動産屋さんにも行き、もしお店を閉めるところがあったら連絡を欲しい旨を伝えておくと、連絡をいただけます。こまめに街を歩くことで、閉店する情報も入ってきます。

　またウェブサイトを利用して、自分の出したい地域の物件リサーチをして、賃料相場を調べておくことも重要です。こうすることで、良い場所が見つかったときに、そこの物件は相場よりも高いのか？　安いのか？　もわかり決断がしやすくなります。

# 10 グーグルマップに登録する

グーグルマップは多くの人が利用しています。

私自身もよく使いますが、お店を探す際にグーグルで探すと地域のお店が出てきて距離数・レビューなどでお店を選びます。

店舗の場所はもちろん、営業時間、電話番号などの基本情報も簡単に知ることができ、店舗を選ぶときの参考になります。特に口コミはよく見ます。

お店を出したら今度は、お客様から選ばれる側になるのです。

多くの良いレビュー、口コミをもらえるように、お客様がご来店された際の接客はもちろん、買取時の応対の向上を、常に意識しています。

特に、昨今は買取店は戦国時代といわれていて、出店数が増えていますので、お客様サービスの向上は重要な集客要素になります。

# 11 「お客様は何を望んでいるか」「お客様に次も来ていただくためにはどうしたらいいか」を考え続けよう

**◎接客で大事なのは「お客様は何かを望んでいるか」を素早く察知すること**

リサイクルショップなどで、買取をする際に重要になってくるのが、お客様は何を望んでいるのかを知ることです。

買取する服で、お客様が次の、AやBのように異なる思いを抱いている場合では、会話の持っていき方も違ってきます。

A（この洋服は、とても素敵なので誰かに着て欲しい）

B（この洋服は、高く買ってしまったので、少しでも高く買取って欲しい）

例えば、Aの場合でしたら、あまり高い値段で買取をしなくてもいいかもしれません。

しかし、実際は、Bのような気持ちを抱いているとすれば、その望みを察して「すこしでも高い値段で買取をする」という配慮、心配りが必要かもしれません。

## ◎「次も来店していただく」「リピーターになっていただく」ことを考えて接客することが大切

また、はじめて来店されたお客様が持ってきてくれた商品を買い取る際、「自分が扱ったことがない商品」だったり、「あまり金額が高くない商品」だった場合でも、買取をしてさしあげることが大事になってきます。これは、次につなげるためにとても重要なことです。

実際、私もこうしたケースがありましたが、次回に来店していただいた際には、金やブランド品を持ってきてもらったことが何度もあるからです。

お客様も、はじめから良いものを出さないこともあります。

これは、お客様が、こちら（＝古物商）側を試しているということです。

リピートになってもらうということは、自分自身を気に入ってもらうことです。

そしてお店のファンになってもらうことです。

お客様は何を望んでいるか、を知るコツは、できるだけ多くの会話をすることです。話のやりとりをする中で、お客様が何を望んでいるかが、徐々にわかってきます。


「なぜ、私のお店に持ち込んでいただけたのか？」

「なぜ、この商品を売りに出すのか？」

「いくらくらいで購入したものなのか？」

「いくらくらいで買取をしたら嬉しいのか？」


このような会話をすることで、買取以外の日常の話題についても会話が弾み、人として気に入っていただけるようにすることです。

こうしたことを続けるうちに、

「他のお店のほうが１０００円高かったけど、あなたのお店で売るわ！」

といっていただけたなら、次回もきっとお店に商品をお持ちいただけるようになるはずです。

# あとがき ～古物商は面白くて、やり甲斐のある商売です！

最後までお読みいただきありがとうございました。

副業からはじめて起業して17年、年々古物商は私の人生の中で大きな存在となっています。


あなたはどのようなおもいで、この本を読んでいるのでしょうか？

「古物商ってどのような世界なんだろうと、商売そのものに興味がある方」

「ダブルワークで収入を増やしたい方」

「メルカリ販売が好調で独立を考えている方」

などなどいろんなおもいで読んでいただいていることでしょう。


「古物商って面白そうだな」

とすこしでもおもったら1歩踏み出してみてください！

あなたの勘は当たっています！


私は、サラリーマン時代、独立したいと思いながらも、

「自分はいったい何ができるのか？」

がわからないまま会社勤めを10年以上しました。


そんな自分の何かを変えようとして、オーストラリアで1年間、ワーキングホリデーの制度を利用して生活しました。

帰国後は、天才演出家のテリー伊藤さんの運転手になりました。

運転手初日に、将来は運転手付きの社長になると日記に書いたことを、昨日のことのように思い出します。

運転手付きの社長にはまだなれていませんが、たまたまヤフオクの出品をしたことがきっかけとなって、古物商許可を取得して、副業から起業することができました。

こうしていまは、古物商・リサイクルのお店を持つことができ、本も出版して、読者であるあなたに読んでいただくことができました。

**古物商は、継続が力を発揮する職業です。**

**経験を積めば積むほど知識が増えて、商売のチャンスも広がってきます。**

ＡＩが進化しても、なくなることはないと確信しています。

新型コロナの影響で、生活が大きく変わりました。

メルカリなどのフリマアプリでの出品者も増え、街には買取店が急増しています。

一方で、大型のリサイクルショップが増え、小さなリサイクルショップは減少しています。

私が起業した10数年前には、情報起業という言葉も生まれ、古物市場に行っていた際には、ヤフオク起業する人が急増したこともあり、

「これだけ古物商が増えると、これからはもう稼げなくなるな」

という話を良く聞きました。そんななか、古物商を辞めていく人もいました。

これまで私が上梓した何冊かの拙著を読んだことをきっかけにして、私が主催する古

物商の講座や研修を受けていただいた方がいらっしゃいます。

そうした受講生の中からは、毎月5万円から20万円の副収入が得られるようになった方もいらっしゃいます。

さらには起業して、古物商を生業として、成功している方もいます。

いわば私の講座を卒業した「生徒さん」が、古物商として活躍しておられることは、とても嬉しいことですし、私の誇りでもあります。

そうした方々とは、定期的に連絡をとり合い、情報を共有できる、良好な関係が築けていることも非常にありがたいと感じています。

あなたにも、この本を読んだことで、

「1つでも役に立つ新しい情報が得られた」

とおもっていただければ幸いです。

あるいは、本書を読んだことがきっかけとなり、

「古物商を取得して良かった」

と思っていただけたならば、こんなに嬉しいことはありません。

最後に、ぱる出版の編集部には、読者のためになるような具体的な例や、詳細な情報を入れたほうが良いなどのアドバイスをいただき、本当にありがとうございました。

２０２４年１月吉日

泉澤義明

**泉澤義明（いずみさわ・よしあき）**

1970年千葉県生まれ。リサイクルアドバイザー。ネット古物商・ブランドリサイクルショップ『ブルーム』店主。ネット販売講師。広告代理店、テレビ制作会社勤務を経たのち独立。会社勤めをしているときにネットオークションに興味を持ち、出品を始める。オークションは順調に売上げを伸ばし、副業として始めて、半年後に会社を退職し、独立して〝ネット古物商〟となる。

自らの経験を活かしたネット販売の講師としても活躍。実際、講師を始めてみると受講者から「わかりやすい」「すぐに結果が出る」と大好評になり、受講者の中からは、副業１年目で利益200万円を出す方、独立起業してネット古物商を始められる方を続々と輩出するなど、その実践的な教え方には定評がある。主な著書に、『お金が貯まる「スマホ副業」の稼ぎ方入門』『プロが教える 儲かる「ネット古物商」の始め方』（ぱる出版刊）などがある。
◎ブランドリサイクルショップ『ブルーム』
　千葉県船橋市本中山2-18-3
●本書に関するご質問はこちらまで
　mail:info@pleasure-link.com

ダブルワークからはじめる
「ネット古物商《こぶつしょう》・リサイクルショップ」
の成功《せいこう》マニュアル

2024年３月５日　初版発行

著　者　泉　澤　義　明
発行者　和　田　智　明
発行所　株式会社　ぱる出版

〒160-0011　東京都新宿区若葉1-9-16
03(3353)2835―代表
03(3353)2826―FAX
印刷・製本　中央精版印刷(株)
本書籍に関するお問い合わせ、ご連絡は下記にて承ります。
https://www.pal-pub.jp/contact



ISBN978-4-8272-1420-8 C0034